U0165897

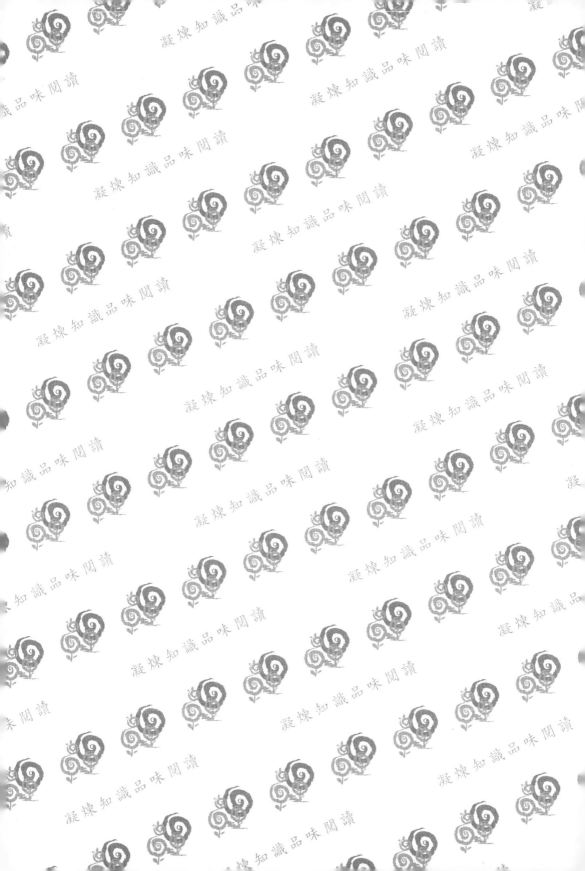

闇黑研究方法

Research Method:
The Book of Search

只要懂闇黑，
你也可以好好做研究

方偉達 著

五南圖書出版公司 印行

推薦序

　　當方偉達教授希望我為這本書寫推薦序時，我謹想到我的好朋友、同事，以及兄弟偉達對我的信任。我們於 2011 年在布拉格舉行的國際濕地會議上相識，我強烈感受到圍繞著我們在教學、研究，以及生活的理念的一拍即合。從那時起，我們一直討論新的研究想法，到現在我在臺北擔任客座教授，和偉達共事。我想，他是最適合寫這本書的人選，因為他的學位和工作經歷涵蓋了各項主題。偉達學歷包括了國立臺北大學（國立中興大學法商學院）地政系法學士、美國亞歷桑那州立大學環境規劃碩士、哈佛大學景觀建築設計碩士，以及德州農工大學生態系統科學與管理哲學博士。他曾經在政府和學術界工作，自2011年起擔任國際濕地科學家學會亞洲主席，最近當選為「社團法人台灣濕地學會」理事長。

　　我想不出其他更有經驗的人可以來撰寫這本書。

　　這本書定名為《闇黑研究方法》，是一個基於科學和歷史，攸關氣候變遷辯論的故事。故事情節圍繞著來自波士頓地區，一位貌似愛因斯坦的教授莫思因博士，以及他在個人生活和職業生涯中所面臨挑戰的故事。他的故事在學術界並不是獨一無二的，作為一位學者，我們都可以與我們在研究所的職業生涯中，經歷類似情況的故事情節。

　　我們甚至還記得，本書人物情節會讓我們想起謝爾頓、拉杰、雷納德，以及霍華德式的同事。這是一本類似電視節目《生活大爆炸》（另譯：《宅男行不行》）的印刷插圖版書籍。

　　在這個故事中，莫思因教授經常與妻子為了細胞自噬理論爭論不休。這種理論是由 2016 年獲得諾貝爾生理醫學獎的日本細胞生物學家大隅良典博士所提出的。「自噬」是人體為了消除死細胞、舊細胞，或是弱細胞，並且再生新的健康細胞的方法。莫思因博士的妻子堅信這一概念，自從提出這一種假設以來，這對夫婦就進行了多次激烈的辯論。莫思因博

士顯然有種不同的感受。此外，加諸在莫思因身上的問題，包含了世界目前正在經歷的全球變化、新冠肺炎疫情的問題，以及始終存在的大學政治議題。莫思因博士擔任所長，但是在大學校長的一聲令下，被他以前的研究生所取代所長職。這些問題壓力，都融入了本來就充滿緊張的家庭生活之中。本書點出了背叛、愛情，以及在學術環境中醞釀的友誼。

有人可能會問，為什麼這些故事很重要呢？因為偉達和我都是科學哲學和健全科學的愛好者。對於大多數人來說，這些概念可能看起來就像平衡您的支票簿，或是只是一種學習統計數據。但是身為教育工作者，我們有責任向社會大眾展示和解釋複雜的科學思想、為何這很重要。我還是需要提醒社會大眾，科學家只是遵循一系列規範和價值觀社群中的一份子。有時改變現狀的新想法或是假設，通常不會受到社會大眾，甚至是科學界的青睞。這並不表示上述這些想法是錯誤的，或是太瘋狂，而是社會還沒有準備好以不同的方式思考接受新的想法。因此，方教授寫這本書的方法清晰明確，闡釋健全的科學方法論和藝術，不僅可行，而且亦能講述讀者難以忘懷的生活故事。

我們都熟悉「一張圖抵上千言萬語」。本書擁有 687 幅插圖，講述的故事會在學術界引起了共鳴，但對一般社會大眾來說，似乎有一點難以置信。作者遵循了一種閱讀圖畫小說的風格，以故事的寫作模式，闡述遵循合理科學實踐的重要性，以及我們在學術生涯中學習到的科學過程。這本書涉及到權益關係人參與、有效溝通、社會規範，以及價值觀等層面議題，說明教學法不必侷限於類似於羊皮紙的教科書，以及教師的筆記。

接下來我們可以討論這本書，以及為什麼偉達是撰寫這本書的最佳人選。

2022 年 1 月 27 日誌於臺灣臺北市

Foreword to Research Methods: The Book of Search

I'm humbled by the trust that my great friend, colleague, and brother has put in me when I was asked me to write the Foreword to this book. We met in 2011 at an international wetland meeting in Prague and I realized that our philosophies around teaching, research, and life complemented one another. Since then, we've been working on new ideas and I now find myself in Taipei working with Wei-ta as a Visiting Professor. He is a good person to write this book because his academic degrees and work history cover a variety of topics. He earned a BA in Land Economics and Administration from National Taipei University, a Masters in Environmental Planning from Arizona State University, a second Master's degree in Landscape Architecture and Design from Harvard, and a Ph.D. in Ecosystem Science and Management from Texas A&M. He has worked in government and academia and has been the Society of Wetland Scientists Asia Chapter President since 2011, and was recently elected to be the President of the Taiwan Wetland Society. I couldn't think of a better person with more experience to write this book. The book entitled This book, Research Methods: The Book of Search, is a story/ debate on climate change based on science and history. The story line revolves around Dr. Jack Mersin, an Einstein-like professor from the Boston area and the challenges he faced in his personal and professional life. His story is not unique in the world of academia. As academics, we can all relate to similar situations we experienced during graduate school and our professional careers. We can even remember the Sheldon, Rajesh, Leonard, and Howard-like colleagues that remind us of the characters in this book. It's a printed and well-illustrated version of the television program, The Big Bang Theory. In this story, Professor Mersin had frequent arguments with his wife about the theory of autophagy, a theory that was proposed by Dr. Yoshinori Ohsumi, a Japanese cell biologist that was awarded the Nobel Prize in Physiology or Medicine in 2016. Autophagy is the body's way to eliminate dead, old, or weak cells and regenerate new healthy cells. Dr. Mersin's wife strongly believed in this concept and the couple had many heated debates about the hypothesis since it was proposed. Clearly, Dr. Mersin felt differently. Superimposed on the Mersin's domestic issues are the global change and Covid-19 issues that the world is currently experiencing as well as the ever-present university politics. Dr. Mersin, who was once the department head, was replaced by one of his former graduate students at the whim of the university president. Those problems and that stress became incorporated into his home life that was already filled with tension. Aspects of betrayal, love, and the friendships developed in an academic environment are all addressed. One could ask why this story matters. Dr. Fang and I are both aficionados on the philosophy of science and sound science. To most people these concepts may seem about as fun as balancing your check book or learning statistics, but as educators it is our responsibility to show and explain complex scientific ideas to the public and why these ideas matter. People also need to be reminded that scientists are part of a larger community that follow a set of norms and values. New ideas or hypotheses that have the potential to change the *status quo* are often not looked upon favorably by the public or scientific community. That doesn't mean the ideas are wrong or crazy, but rather society is just not ready to start thinking differently or accept new ideas. Professor Fang's approach to writing this book clearly demonstrates that sound scientific methodology and art is not only possible, but capable of telling a story about life that the reader would be hard pressed to forget. We're all familiar with the expression "a picture is worth a thousand words". This book has 687 illustrations and tells a story that resonates well with academics, but seems far-fetched to the general public. The author followed a style that one would see reading graphic novels and the story is written in a format that espouses the importance of following sound scientific practices. the scientific process that we all learned in our academic careers. The book touches on aspects of stakeholder engagement, effective communication, societal norms and values, and illustrates that pedagogy need not be limited to textbooks and instructor notes that resemble parchment.

Discuss the book and why WT is the best person to write this book.

January 27, 2022, Taipei City, Taiwan

開場白

從「非常」的研究，突破「常」的境界。

——方偉達

　　我到了森林，等待陽光灑網，捕捉蕨類和苔蘚中的的低溫。

　　前往瀑布途中。清晨六點，走在臺灣粗榧（*Cephalotaxus wilsoniana*）和臺灣青莢葉（*Helwingia formosana*）的路徑上，看見瀑布自天落下，恰似銀河下九天。我已經忘記最近最夯大腦科學中研究的血清素、多巴胺、唾液酶、負氧離子，以及芬多精這些化學物質的字眼。我只感到大自然「逝者如斯夫，不捨晝夜」。或是老子哲學中的「上善若水」。我視覺中的一片韻律，白色在我眼前交織，瀑布吹動葉脈的那一種綠色的韻律的情趣。

　　我接著觀賞孟宗竹的竹筍，沿途觀賞狀元紅，又稱為五月雪。又識別了臺灣青莢葉，葉上有花苞。葉上長花。在溪中看到臺灣鏟頷魚（*Onychostoma barbatulum*），又稱為苦花，苦花反射了銀白色光澤。

　　這一趟，當然看了許多鳥。我又請同學們分享一下鳥類的觀察，如白耳畫眉、冠羽畫眉、金背鳩等鳥類。

　　這是我的研究筆記，充滿了詩情，也充滿了視覺上的畫意。

　　想像一本充滿詩意的研究法書籍吧！會讓你格外的心動；我了解，「服從學術」會讓你失意，讓你胃口全無。

　　法國哲學家傅柯（1926～1984）曾經說過：「人只有透過服從權力，才會才能成為主體。」「在學術社群中，你通常沒有辦法表達自由意志。你要通過不斷的發表，才能取得地位，才能夠形成主體。」

我常常看到學者的壓力。這一種壓力，源自於學術社群中的研究。

我發覺這是價值觀的差異、文化的差異，以及物質的差異。

我們都需要在西方的學術社群中謀求生存。

因為我們歷代哲人，比起希臘哲學中的亞里斯多德等自然科學家，差距不僅是自然哲學，可能還有科學思惟的「本體論」和「認識論」的差距。

總是，自古以來，我們不缺八股文，只欠「科學論文」；不欠科舉考試，只欠「哲學思惟」。

歷代中國即使有偉大的「科技」，獨缺「科學」。

我想起孔老夫子曾說：「吾不如老農，吾不如老圃。」

我常覺得孔子是一位政治家、倫理學者，或者是社會科學者。但是他對於自然科學實驗，沒有太大的興趣，他影響了後代的士人，因為「禮、樂、射、御、書、數」中，沒有自然科學的實驗和遊戲成分。

因此，後世的讀書人，大部分都是「四體不勤、五穀不分」的科舉中人，騎馬射擊也不玩了【明朝的王陽明（1472～1529），可能有興趣】，對於日常生活的哲理和自然現象【宋朝的沈括（1031～1095），可能有興趣】，也沒什麼著墨。因為，年節禁忌也都是用神話帶過。因此，文科狀元，不能當運動選手，也不能當武林高手，要不然就是對於山川蟲魚鳥獸，不識一二。

傳統文化中，我們也少有亞里斯多德型「吾愛吾師，吾更愛真理」的一種執著。

我們只會講「師承」，結果一代不如一代。

因為最大的教師，是孔子。孟子能超越孔子嗎？孟子學生能超越孟子嗎？結果大家越來越「孱弱」。

傳統這一塊，例如「墨家」整個淹沒了。墨翟在道德上面，吵不過孟子，所以整塊市場被侵蝕掉。墨家在古代這些工程師及最大的民間組織（NGOs）的組合，完全在市場中消失。

更不要說其他的九流十家。

傳統消失了，自然傳統中只有「科技」沒有「科學」。

所以說，在傳統文化之中，我們產不出本土的諾貝爾獎得主。本土院士沒有產生諾貝爾獎得主，海峽兩岸都相同。諾貝爾科學獎得主李遠哲（1936～）也是從美國紅回臺灣，因為我們培養不出來。屠呦呦（1930～）是第一位，也是目前唯一獲得諾貝爾科學獎項的中國本土科學家。我了解這一種文化壓抑下的巨大差異，也讓我找到寫這一本書的一絲理由。

這一本書從「細胞自噬」的闇黑過程談起，最後談到了全球氣候變遷的闇黑歷程。

細胞自噬，這是一門諾貝爾獎得主的學問。自噬主要有兩種作用，首先是清除損壞的材料，例如錯誤折疊的蛋白質（misfolded proteins）、功能障礙的細胞器，以及外來入侵者。第二是在饑餓期間，分解細胞材料，以獲得能量。

自噬觀察的研究，我發現在實驗法非常的嚴謹，也很複雜。因為，事前的實驗規劃，比起事後的實驗調整重要許多。這一本書談到了許多觀察法、調查法，以及訪談法的學問。當然，我很抱歉用了那麼大的篇幅，談論了細胞自噬，我形容這是「置之於死地而後生」。

《孫子兵法》講到「投之亡地然後存，陷之死地然後生。」

「生命會找尋自己的出路」，這都是年輕學者、研究生需要學習的獨門武器。

因為，很多研究雖然做完了，但是要修改程序，也來不及了。所以，在研究設計階段，如果可以發現設計上的缺陷，需要提前進行修改，會比實驗都做完了，才進行彌補，會好得多。

所以，這一本書第一篇《山海經》，會談到實驗法和調查法的研究準備，主要是偏重於自然科學的研究方法，探討信度、效度，以及事前準備

的嚴謹性問題，我希望研究成果，更為準確，讓醫學更能造福世人；第二篇《戰國策》，我談到了社會科學的研究方法，這些方法論涉及到人類存在的價值，內容非常的豐富，我也提出了許多研究上的未知領域問題，希望學界領袖，共同來省思和探討。

這是一本從東方人的角度出發，探討西方邏輯、批判的過程、學術的反省，以及學術研究的限制。在東方和西方人物角色設計上，以清新逗趣為原則，用漫畫版呈現的用意，也是希望研究者從研究的泥沼中爬出來，這世界已經夠悲傷了，我不希望大家太悲傷。然後，我再三保證這一本漫畫書很有趣，雖然我們的書名是「闇黑」，看起來內容很深奧；但是，我再三保證，這絕對是一本很奇特的書，也是我在清冷的四點起床，抑制我的飢餓感，在冷列的深冬之下，寫出來的一本好書。

我回想起當年在研究所，1993年在美國讀書的時候，胡熹學長告訴我說，亞歷桑納州立大學環境規劃研究所，已經不許用研究報告（reports），做為碩士畢業的門檻，畢業一律須要繳交學術論文（thesis）。

所以，為了要生存，我從二十七歲開始，一直在思考什麼是論文。我記得1994年的寒假，全國博碩士論文還不在國家圖書館（中央圖書館）中典藏，我特別花了機票錢回國，除了向國立臺灣師範大學地理系石在添教授（1931～2014）請益，他送我一套很棒的師大出版的地圖集，我很感謝他。我又一頭鑽進臺北市木柵的國立政治大學，每天鑽進社會科學資料中心，遍讀博碩士論文。到了今天，我也希望嗷嗷待哺的研究者，看了這一本闇黑心法之後，都能夠從「非常」的研究，突破「常」的境界。

這一本書，也獻給我的父親方薰之將軍和母親黃素梅女士，在闇黑的學術旅途之中，父母親永遠是遙遠天邊最璀璨照耀我的星星。

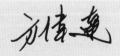

2021年11月7日立冬誌於興安華城愛妻伽穎生日

卷首語

Writing is like playing video games.
寫作就像是電玩手遊。

——邁爾斯（E.C. Myers, 1978～）

背景說明

學校 ➡ 大學設定

　　環宇大學（Universe University），簡稱UNI，為四年制現代大學。在本書中，環宇大學為研究型大學，自公部門和產業界接受投資，2000年的校務基金為192億美金，學生來自世界各地，學費高昂，平均一年學費46,000元美金，加上住宿費和生活費，一年學生需要支付70,000元美金。環宇大學（Universe University）擁有世界知名學者，甚至諾貝爾獎得主等級的教授，學校的校訓為拉丁文的「真實科學」（*Verum scientia*），本書在學校贊助下獲得補助，力邀傑克·莫思因（Dr. Jack Mersin）友情客串。書本署名「闇黑」，是因為拉丁文*verum*曾經翻譯成英文為「熟諳至闇」（stay true, but the dark & forever）；*scientia*翻譯成英文「科學真知」（cognition, knowledge, scientific discipline），意即學生需要「熟諳科學真知」。

角色 ➡ 人物設定

大隅良典（Dr. Yoshinori Osumi）

　　大隅良典教授，日本分子細胞生物學家，東京大學特別榮譽教授，因為「對於細胞自噬機制」的發現，得到2016年諾貝爾生理醫學獎。在日本，有人叫他「搞科學的宮崎駿」！

傑克・莫思因（Dr. Jack Mersin）

　　莫思因教授，英國劍橋大學博士，曾擔任氣候變遷衝擊研究所科學顧問，環宇大學（Universe University）教授。研究領域包含環境政策、氣候變遷，以及物理化學，口頭禪是「研究室不要談戀愛」。

莫思因夫人（Madam Mersin）

　　莫思因教授的太太。

夸克・莫須有（Dr. Quark Mershyou）

　　莫須有副教授，環宇大學哲學博士，莫思因教授訓練出來第一批本土博士，不擇手段，想要取代莫思因教授學術地位。口頭禪是「吾愛吾師，吾更愛真理」。

魯卡斯・桓問（Mr. Lucas When）

　　莫須有副教授學弟，莫思因教授關門弟子，對於「莫氏演算法」推崇無比，但是始終無法了解其中的奧。

好奇魯道夫（Rudolph the Curiosity）

　　魯道夫是莫須有副教授2016年碩士班的研究生，以生產資訊為樂。

紅奇公主（Princess Redchief）

　　紅奇公主，歐洲小國的公主，2016年碩士班的新鮮人。

扉扉（Feifei）

　　扉扉，2016年碩士班的新鮮人，桓問（Lucas When）的好朋友。

目錄 Contents

起手式

1987年的闇黑思惟

　　我在紙上噴上四團對稱的金漆，底色由黑轉紅，用壓克力顏料漸成圖形，我取名《四象》（太極、兩儀、四象）。

　　後來底色愈見黑暗，畫面極像宇宙中的四個明星。如同巴比倫占星中的大十字，創作愈見苦澀，於是改名叫《我所背負的十字架》。

　　等到我甩筆時，畫面上出現了猩紅跟雪白，兩團類似蝌蚪狀物。為了加強速度感和分割面，在紙上甩了好幾條速度線，原來的十字已遭破壞，黝黑幽暗的子宮中，一群精子的死屍和一對迴遊上溯的精子，最後竟定名為《爆破子宮》。

　　水瓶座的奇思幻想，缺乏明確的脈絡邏輯和突發想像，由此可知。（西洋情人節暨母難日寫）（1987年2月14日）

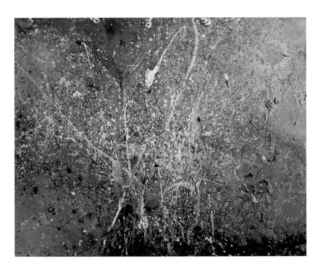

感言：

　　我是江淹（444～505），一隻禿筆已經寫不出東西，也從來不畫東西了，江郎才盡。回顧一下「當大學生」時寫的東西，畫的東西。相當苦悶的1987年。

PART 1

山海經

不必執著學歷，重要的是找到自己的興趣和熱情。
——2015年諾貝爾物理獎得主梶田隆章（Takaaki Kajita, 1959～）

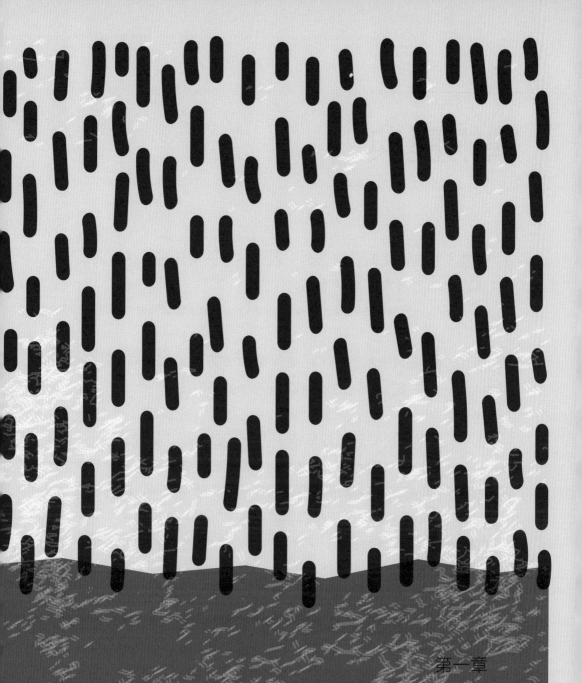

第一章

學術獵奇

01
學術良典

科學本來就無法預估前景的，或許科學無法立刻顯現出成果，但可以挑戰與眾不同或有趣的事務。

——大隅良典（Yoshinori Osumi, 1945～）／2016年諾貝爾生理醫學獎得主

最厲害的武器不是《鬼滅之刃》（日語：鬼滅の刃）（*Demon Slayer: Kimetsu no Yaiba*），而是你的「研究之魂」（The spirit of research）。

這一本書用漫畫的形式談學術，主要是要喚起「研究之魂」（The spirit of research）。我會用大量的案例，說明如何喚起碩博士生最缺乏的「研究魂」。我認為，從事學術研究，最重要的就是第一、機會；第二、創造力；以及第三、學習—這些事項被視為「好奇心」的根本。

那麼，關於第四個方面：「抗壓性」和「勇氣」呢，也是非常重要的。我舉個例子來說，誰沒有童年呢？我們來看一個諾貝爾獎得主的故事。

2016年日本分子細胞生物學家東京大學特別榮譽教授大隅良典（Yoshinori Osumi, 1945～）因為「對於細胞自噬機制」（Autophagy）的發現，得到諾貝爾生理醫學獎。大隅良典的研究，對於人類老化因素的阿茲海默症、糖尿病、癌症，帶來新的治療法。

大隅良典出生的時候，面臨到日本二次世界大戰戰敗的命運，他的父

親大隅芳雄（Yoshio Osumi, 1905～1987）是廣島人，後來搬到了福岡，當上了九州大學工學院採礦系的教授，在他十六歲的時候，父親因爲研究傑出，擔任九州大學工程學院的院長。工作非常忙碌，也沒有太多的時間陪他。

大他十二歲的大哥大隅和雄（1932～）在1945年念廣島高等師範學校附屬初中特殊科學教育班，二次世界大戰時父親帶全家到了福岡疏散，後來美軍投擲原子彈摧毀了廣島的學校。二次世界大戰之後，大哥大隅和雄到東京大學文學院念歷史系，研究中世紀佛教思想，1977年成爲東京女子大學教授，教授日本文化史。

1951年，大哥大隅和雄到了東京大學開啓了新鮮人生涯，雖然生活很窮困，但是想起了這一位喜歡野外觀察的小弟，從東京回到福岡的時候，送他三本書，包括了八杉龍一的《動物兒童》、法拉第的《蠟燭的化學史》、三宅泰雄的《空氣的發現》。大隅良典說：「我很孤僻，但是我很喜歡和鄉下的小孩一同玩；」「我小的時候，喜歡一個人自己做飛機模型。甚至我自己組裝半導體收音機。夏天的時候喜歡和玩伴到小河裡撈魚、捕螢火蟲、採集昆蟲，手持網子在野外一晃就是一天。採了野芹菜、木通、楊梅、野草莓，感受到自然的四季變化。」

大隅良典二十九歲拿到東京大學博士，到了美國進行博士後研究。在漫長的學術生涯中，他經歷了博士畢業找不到教職、研究受到挫折、改變原來的專業，獨自一個人在小實驗室進行研究長達九年，卻沒有什麼人理他。大隅良典1988年成爲東京大學助理教授時，已經四十三歲；後來離開東京大學，到了岡崎的國立基礎生物學研究所，升到教授已經是五十一歲，六十五歲退休，成爲東京大學名譽教授。但是，他一直在堅持自己的研究。

「我討厭與人競爭，沒人做的領域，我身爲先鋒，開疆闢土，這樣比

較快樂。」

　　日本產經新聞在2015年訪問日本內閣府特別機關「日本學術會議」（Science Council of Japan）前會長大西隆（1948～），他指出，不論是技術專門學校還是研究型大學，在設置科系的時候，應該要思考如何解決當代許多問題和需求的課程為主，進而可以激發學生對於問題的好奇心，這是教育最重要的目標。

事典：良典的決戰

　　我出生沒多久，日本就戰敗了。小時候，我很孤僻，但是我很喜歡和鄉下的小孩一同玩，不玩的時候，我就在看書。

──大隅良典 / 2016年諾貝爾生理醫學獎得主

孤僻程度　ⅤⅤⅤⅤⅤ
好奇精神　ⅤⅤⅤ
團體戰力　Ⅴ
闇黑心法　Ⅴ

大隅良典（Yoshinori Osumi，1945年
2月9日～）出生於福岡（水瓶座）

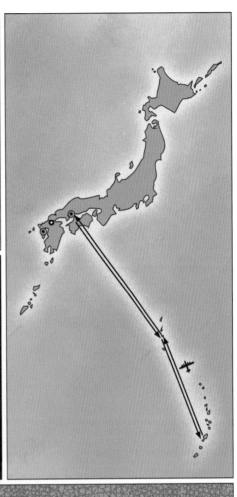

1945年8月6日，日本廣島原子彈爆炸

戰後的福岡

諾貝爾獎委員會祕書長珀爾曼（Thomas Perlmann, 1959～）打了個越洋電話給大隅良典。

真的嗎？我得到諾貝爾獎？這是真的嗎？我很感謝我的大哥大隅和雄，小時候他給我看《動物兒童》。

我四十三歲的時候，在東京大學擔任助理教授時研究酵母液胞（yeast vacuole）。

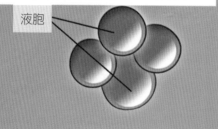

液胞

你看，酵母處於饑餓狀態的情況時，就開始分解本身的蛋白質。（圖片來源：紐約時報）

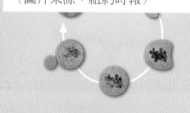

我用光學顯微鏡發現到這情況，研究了四十年。

諾貝爾獎，我等了二十年。

02
為什麼自噬很重要？

To die or not to die: that is the autophagic question.
死亡還是生存，是自噬的問題。

——克勒默（Guido Kroemer）／法國國家衛生研究院研究員

　　日本細胞生物學家大隅良典教授在2016年獲頒諾貝爾生理學暨醫學獎，他研究的細胞自噬（autophagy）現象，是探討細胞對於自己的胞器進行分解、回收的機制，其中英文autophagy來自於希臘語的「自我（self）」和「吃（eat）」兩字的結合。

　　細胞可以分成壞死跟好死。細胞死於非命，就叫壞死（necrosis）；如果慢慢而有計畫性的死亡，就是好死，如果好好的死，叫做凋亡（apoptosis）。

　　2002年諾貝爾生理醫學獎得主布雷內博士（Sydney Brenner, 1927～2019）說，每個細胞都有其壽命，也有其階段性任務，當他們完成任務時，這些細胞會開啓一連串的死亡程式。

　　當細胞處於饑餓的狀態時，或是缺乏氧氣時，透過自噬作用分解蛋白質，使細胞免於因養分缺乏而造成損傷。此外，細胞自噬能幫助清除受損的細胞結構，防禦病毒和細菌的入侵。但不正常的細胞自噬機制，反而與癌症的發生有關。當年紀逐漸衰老的時候，「自噬」功能降低，也會觸發多種疾病的生成。

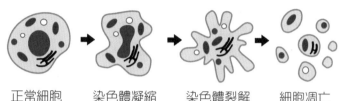

正常細胞　　　染色體凝縮　　　染色體裂解　　　細胞凋亡
細胞凋亡的過程

大隅良典的實驗法

　　大隅良典教授開始研究酵母液胞，他自己問自己：「難道酵母液胞只是一個細胞廚餘場」？他也會問：「為什麼液胞會長的這麼大」？

　　在植物中，液胞佔細胞的90%以上。酵母菌都具有「液胞」，主要儲藏一些營養物質，例如糖、酸、離子，或是蛋白質，另外還有調節滲透壓的作用，防止代謝廢物、色素、生物鹼，或是抑制劑的入侵。

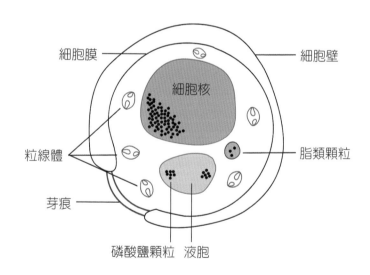

細胞膜　　　　　　　　　　　　　　　　　　細胞壁

細胞核

粒線體　　　　　　　　　　　　　　　　　　脂類顆粒

芽痕

磷酸鹽顆粒　液胞

　　大隅良典決定用酵母菌，來幫助他研究細胞自噬的過程。不過他卻發現酵母菌太小了，很難在顯微鏡下觀察，所以剛開始根本無法確定在酵母菌中真的有「自噬作用」。他想，如果不能直接觀察，有沒有其

他方法能間接證明酵母菌細胞中有「自噬作用」？於是，他先培養了一群沒有「蛋白質分解酵素」的突變型酵母菌的「液胞」，當細胞自己感受到異常的蛋白質，防禦措施就產生了，細胞的胞器會被一種特殊雙層膜結構的「吞噬泡」包起來，形成了囊泡，這一種囊泡稱為「自噬體」（autophagosome），最後會和「溶酶體」融在一起，然後被水解酶分解掉了。大隅良典就是要阻止這一種分解過程，也許當細胞「自噬作用」啟動時，「自噬體」便會累積在液胞內，應該就可以利用顯微鏡來觀察了。於是，他用「饑餓」的方式讓細胞自噬，液胞中充滿了沒有被降解的「自噬體」。大隅良典在1992年發表了這個重大的突破。

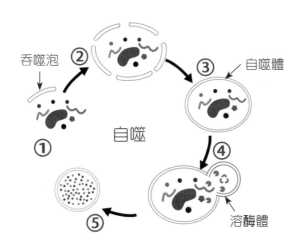

事典：莫思因（Jack Mersin）家的早餐

All things are in a state of relentless and ephemeral flux.
萬物處於無情和短暫的狀態。

—— 大隅良典／2016年諾貝爾生理醫學獎得主

03

傑克，這真的太神奇了

生生流轉，諸行無常。

── 大隅良典 / 2016年諾貝爾生理醫學獎得主

　　坦白講，學術界充滿了黑暗，你看不到前方，你也不知道未來。如果，學者用一種正面的角度來觀察，可能什麼都看不到。但是，1988年大隅良典開始進行酵母菌的研究，他用「液胞」進行分析。

　　按照大隅良典的假設，一旦參與「自噬作用」的重要基因被破壞，「自噬體」便不會有累積的現象。

　　如果說，胞內的構造相當於人體中的「溶酶體」。為方便觀察酵母菌的液胞，他製造了一群沒有「蛋白質分解酵素」的突變酵母菌，再用誘導饑餓的方式，來產生液胞的堆積，發現了酵母菌擁有細胞自噬的功能。所以說，「自噬」作用，是一種細胞對於自身不需要，或是有害的物質，進行分解和回收的機制。

　　那麼，什麼是「蛋白質分解酵素」（proteolytic enzyme）呢？在人體中，蛋白質分解酵素是一種酶，佔所有基因成份的1～5%。「蛋白分解酵素」是一種「消化酵素」，同時也是一種「代謝酵素」。

　　如果蛋白質要變成胺基酸，需要蛋白質分解酵素。所以「蛋白質分解酵素」，是一種「消化酵素」。

　　此外，「代謝酵素」可以協助身體清除廢物，如果沒有「蛋白質分解

酵素」，沒有辦法協助清除廢物，沒有辦法清除自由基，達到抗氧化等功能。「蛋白質分解酵素」又稱爲蛋白質水解酶、肽酶，或是蛋白酶，可以幫助我們消化各種蛋白質，通過水解（hydrolysis）的過程，將蛋白質轉化爲爲肽（peptides），甚至變成了氨基酸（amino acids）。

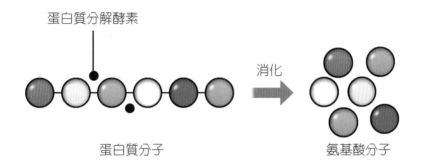

蛋白質分解酵素

消化

蛋白質分子　　　　　　　　　　　　　　氨基酸分子

大隅良典的實驗法

　　大隅良典用隨機引發基因突變的化合物，處理酵母菌細胞。他認爲，液胞膜（vacuolar membrane）有一種運輸系統，會將細胞內不要的氨基酸（amino acids）分子和金屬離子排出。

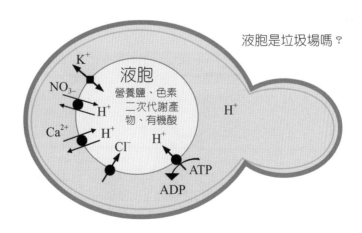

液胞是垃圾場嗎？

液胞
營養鹽、色素
二次代謝產物、有機酸

大隅良典採用了液胞型ATP酶（V-ATPase），通過與水的反應，利用水產成新的物質。他認為V-ATPase是一種泵，增加流體的運輸壓力，V-ATP酶將ATP進行水解。

一般來說，脂肪會水解成為甘油和脂肪酸；澱粉會水解成為葡萄糖；蛋白質會水解成為胺基酸。

那麼，什麼是ATP？ATP是一種腺苷三磷酸（adenosine triphosphate，簡稱為ATP），或是稱為腺嘌呤核苷三磷酸。根據動物細胞衰老的自由基理論，活性氧會破壞線粒體蛋白質，並且降低ATP的產生。

ATP是由一個結構非常複雜的腺苷酸（adenosine）和三個相對較為簡單的磷酸鹽（phosphate）所構成。ATP被分解時，最末端的一個磷酸鹽分子便會脫離母體（ATP），變成腺苷二磷酸，稱為ADP。從ATP到ADP循環，在生物系統中，可以產生能量，會運輸不要的二次代謝產物，也就是運送廢物到細胞外。

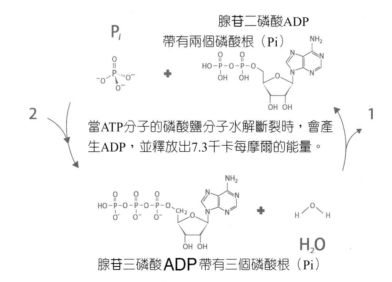

當ATP分子的磷酸鹽分子水解斷裂時，會產生ADP，並釋放出7.3千卡每摩爾的能量。

04
莫思因夫人錯了嗎？

我們的面前，還是有許多未解決的難題。

——大隅良典／2016年諾貝爾生理醫學獎得主

在日本，有人叫他「搞科學的宮崎駿」！

大隅良典做實驗的時候，常常會自問自答。「液胞是溶菌室嗎？」他形容「液胞」是一種含有各種降解酶（degradative enzymes）的酸性隔間（acidic compartment）。在酵母菌中，「自噬作用」將不需要的蛋白質降解，產生的氨基酸再循環，用於合成存活不可或缺的蛋白質。

大隅良典形容液胞是一種在光學顯微鏡下，可以看見的唯一細胞器，尺寸比較大，內部沒有結構。甚至是一種低蛋白濃度、低粘度（low viscosity）的細胞器。

大隅良典發現在缺乏營養的環境中，如饑餓培養，自噬對酵母菌的存活，是必需要的。他先看哪些突變菌株，在饑餓條件下無法存活，然後採用人工的方式，在顯微鏡下分析自噬體是否形成，接著再看酵母的液胞是否可以融合，最後再篩選出了多數參與自噬的關鍵基因。

這些基因被他命名為Apg（autophagy）基因。他將第一個發現的突變基因命名為自噬基因1（Apg1），隨後發現了一系列真核細胞自噬機制中，都是不可缺少的基因，從Apg1命名到Apg15。後來在2003年統一命名為Atg，Atg基因是一組基因編碼的機制，到了2016年，酵母菌中的Atg基

因數量爲41。這些Atg基因，在哺乳動物和植物中都有。雖然物種之間的氨基酸序列同源性很有限，但是3D結構卻很相似。例如，Beclin-1是一種在人體中由BECN1基因編碼的蛋白質。Beclin-1是酵母菌自噬基因Atg6和Beclin-1同源的物質，在細胞自噬死亡的調節中，產生關鍵的作用。

科學阻斷的實驗法

自噬是一個動態過程。

哺乳動物自噬的研究，向來受到兩個主要因素的困擾。首先，自噬是一個動態過程。

我們不能採用靜態測量，來捕捉動態過程。

因爲，採用靜態測量進行生物學推斷，在過程中有其侷限性。

我們針對哺乳動物自噬功能的研究中，以前的科學家以爲神經退化性疾病，是由於細胞自噬增加而產生。後來發覺這種想法是錯的。實際上，這種疾病代表可能是自噬通路阻滯所產生的問題。

此外，自噬是垂死細胞中常見的形態學特徵，通常也被誤差地認爲是細胞死亡唯一途徑。但是，自噬是細胞在面臨生存壓力下，保持細胞存活的一種現象。

自噬是一種動態的過程，而不是靜態過程。

因此，需要進行定量描述。你可以透過檢測樣本，進行測量。

也就是說，可以使用抑制劑的觀念，進行溶酶體差異的研究。

對於細胞培養的實驗組，不要忘記設立對照組，因爲每次處理都需要兩個樣本來比較。一個樣本加入溶酶體抑制劑，稱爲實驗組。另一個樣本，沒有加入溶酶體抑制劑，例如巴佛洛霉素A1（Bafilomycin A1），稱爲對照組。

對照組　實驗組　抑制劑的實驗組

LC3-I ─── ─── ───
LC3-II ─── ─── ───

─── ───

巴佛洛霉素A1（Bafilomycin A1）

巴佛洛黴素A1（Bafilomycin A1）、氯喹（Chloroquine），或是溶**酶**體蛋白**酶**等，通過阻斷自噬體與溶**酶**體的融合，導致自噬體的積累。巴佛洛霉素A1（Bafilomycin A1）是一種危險性刺激物質，分子式為$C_{35}H_{58}O_9$。巴佛洛霉素由多種鏈黴菌產生的大環內酯類抗生素家族，具有廣泛的生物活性，包括抗腫瘤、抗寄生蟲、免疫抑制，以及抗真菌活性，是一種有效的細胞自噬抑制劑。

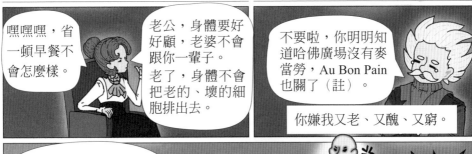

Au Bon Pain（註）：

　　au bon pain原意來自於法文「優質的麵包」，成立於1978年，提供三明治、麵包、沙拉、湯，以及咖啡。Au Bon Pain為消費者提供低鈉、低脂、無麩質，以及素食餐點。《健康》雜誌評定為美國最健康的五家餐廳連鎖店。Au Bon Pain設立於大學、醫院，以及商業中心等，總部位於美國的波士頓。

05
神奇的保護層

There are only two ways to live your life. One is as though nothing is a miracle. The other is as though everything is a miracle.

　　生活方式只有兩種：一種是相信凡事沒有奇蹟；另一種則是把所有事都當作奇蹟。

——愛因斯坦（Albert Einstein, 1879～1955）

　　所有細胞生物的細胞膜主要由磷脂所構成，這是一種磷脂雙分子層（phospholipid bilayer）的構造物。磷脂雙分子層在細胞中產生屏障，使離子、蛋白質，或是其他物質，保留在需要的地方，阻止擴散到其他地方，並且阻止有害物質的進入。

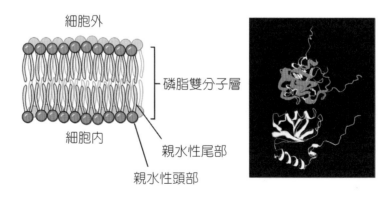

微管相關蛋白（Microtubule-associated proteins 1A/1B light chain 3B, LC3）

科學家將蛋白質加入細胞中進行實驗。

其中最著名的就是微管相關蛋白（Microtubule-associated proteins 1A/1B light chain 3B），這是一種存在人類身體中的蛋白，簡稱爲LC3。

LC3是自噬路徑中的中心蛋白，在自噬發生中產生作用，LC3是唯一已知與自噬體外膜形成穩定結合的物質。LC3的主要功能是在自噬，自噬過程產生細胞質的大量降解。因此，科學家將LC3列爲自噬體的標記物。

LC3以兩種形式存在：其中LC3-I存在於細胞質（cytoplasm）；LC3-II從LC3-I轉化爲自噬體。LC3（pro-LC3）被Atg4蛋白酶蛋白水解，導致形成帶有羧基的甘氨酸的LC3-1形式。

LC3-I和LC3-II之間的主要區別，在於兩者的脂化狀態，也就是和磷脂醯乙醇胺（phosphatidylethanolamine, PE）連結的部分，因此所有市面上販售的LC3，都能夠檢測到這兩種形式。

將微管相關蛋白的LC3-I和磷脂醯乙醇胺（PE）進行混合。也就是將卵磷脂混入，看看會怎麼樣？

磷脂醯膽鹼（PC）和磷脂醯乙醇胺（PE）

磷脂醯膽鹼（Phosphatidylcholines, PC）和磷脂醯乙醇胺（phosphatidylethanolamine, PE）是所有哺乳動物細胞膜中最豐富的磷脂。近年來，在許多飲食研究的基因模型中，證明了磷脂代謝之後，調節脂質（lipid）、脂蛋白（lipoprotein），以及能量的重要性。根據自噬訊號，LC3-1將通過Atg7、Atg3，以及Atg12-Atg5-Atg16L多聚體，結合到磷脂醯乙醇胺（PE），產生了LC3-II。

標記染色法

科學家使用標記染色法，使用熒光染料，進行熒光活細胞成像。熒光

在生物化學和醫藥領域有著廣泛的應用。你可以通過化學反應，將具有熒光性的化學基團，粘到生物分子上，然後通過觀察示蹤基團發出的熒光，來探測這些生物的分子，並且通過測量通量（Flux）來量化分子的自噬。蛋白質在細胞內可能是一個動態平衡，即合成與降解的平衡，那麼可不可能是維持一般的動態平衡，是一條途徑；而應對外界刺激，是另外一條降解途徑呢？

如果有這種可能，怎麼用實驗證明呢？

此外，你可以從許多不同類型的溶酶體抑制劑中進行選擇，以測量自噬通量。以下是當前最常用的一些方法：

不同類型的溶酶體抑制劑

溶酶體抑制劑	效果
巴佛洛霉素A1（Bafilomycin A1）	巴佛洛霉素由多種鏈黴菌產生的大環內酯類抗生素家族，具有廣泛的生物活性，包括抗腫瘤、抗寄生蟲、免疫抑制，以及抗真菌活性。最常用的巴佛洛霉素A1，是一種有效的細胞自噬抑制劑，抑制自噬體和溶酶體的融合；可充當離子載體，將鉀K^+轉運至生物膜，並導致線粒體損傷和細胞死亡。
氯化銨（Ammonium Chloride）或氯喹（Chloroquine）	改變溶酶體的pH，改變了酶促反應的環境，使之不利於反應的進行，從而抑制溶酶體酶的降解活性，減緩蛋白的降解。
E64d+胃酶抑素A（pepstatin A）	胃酶抑素（胃蛋白酶抑制劑）是天冬氨酸蛋白酶的有效抑制劑。由於具有抑制胃蛋白酶的能力，最初是從各種放線菌的培養物中分離產生的，胃酶抑素A抑制溶酶體酶。

溶酶體抑制劑	效果
Leupeptin	亮抑肽素，也稱為N-乙醯基-L-亮氨醯-L-亮氨醯-L-精氨酸，是一種天然存在的蛋白酶抑制劑，可以抑制半胱氨酸、絲氨酸，以及蘇氨酸肽酶。當研究特定的酶促反應時，通常在體外實驗中使用。當裂解細胞進行這些研究時，會直接抑制溶酶體中的蛋白酶，可以改變蛋白酶的結構或使其變性，從而徹底失去水解蛋白的活性，釋放出許多包含在溶體中的蛋白酶。

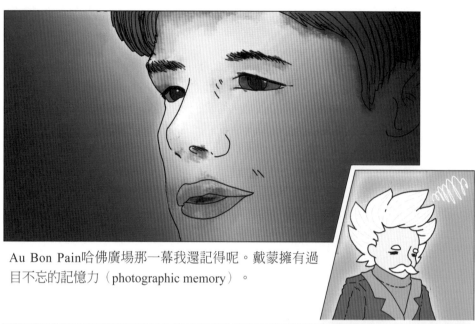

Au Bon Pain哈佛廣場那一幕我還記得呢。戴蒙擁有過目不忘的記憶力（photographic memory）。

羅賓‧威廉斯的大腦中有許多路易體（Lewy bodies），大腦中發現突觸核蛋白。他自殺之後，法醫報告他的體內殘留左旋多巴（L-dopa）的藥物。

老公，身體要好好顧，聽說羅賓‧威廉斯死於路易氏體失智症。他死於憂鬱。

羅賓・威廉斯（註）：

　　羅賓・威廉斯（1951～2014）曾經主演了許多膾炙人口的佳片，如《春風化語》（1989）、《睡人》（1990）、《心靈捕手》（1997）、《博物館驚魂夜3》（2014）等。1997年以電影《心靈捕手》榮獲奧斯卡最佳男配角獎。

資源回收的途徑

It ain't what you don't know that gets you into trouble. It's what you know for sure that just isn't so.

給你帶來麻煩的，不是你不知道的東西，而是你自以為很了解的東西。

——馬克·吐溫（Mark Twain）／美國作家

如果人體中自噬調節不當，將是許多疾病的潛在因素，例如癌症、糖尿病、肝病、自身免疫性疾病，以及感染。因此，自噬不僅可以去除有害物質，還會幫助細胞在其表面產生抗原（antigens）。

在自噬途徑中，主要有兩個參與者。自噬體和溶酶體。當蛋白質或受損的細胞碎片需要回收時，自噬小分子就像一個廚餘袋，將廚餘撿起並貯存起來。

然後，這個自噬體將內含物送到溶酶體。溶酶體的作用，就像是酸性的堆肥桶，利用酸性環境分解廚餘袋中的內容物，並將其釋放出來提供營養。

當自噬體與溶酶體融合，傳送含量降低的時候，新形成的細胞器，被稱為自溶酶體。

英國牛津大學生理學博士沃玲絲（Rebecca Wallings）說明了三種情境。你可以在情境一看到添加了溶酶體抑制劑（描繪為牆壁），因為廚餘

袋（自噬體）無法傳遞，而產生了廚餘堆肥桶（溶酶體），這代表了正常的自噬生物學。

但是，在第二種情境之下，即使牆壁被擋住了，廚餘袋的堆積似乎也很少。這表明在方案二中沒有太多的廚餘袋被運送到堆肥桶中。在自噬途徑的背景下，相對於情境一，這反映自噬體產量的減少。

在情境三中，即使沒有牆壁也存在大量的廚餘袋，並且增加牆壁，似乎也沒有太大改變廚餘袋的數量。這表明已經有一些東西，可以防止廚餘被運送到堆肥桶中，這意味著自噬途徑中存在著功能障礙，阻止了自噬體與溶酶體融合，從而減少了溶質的降解。

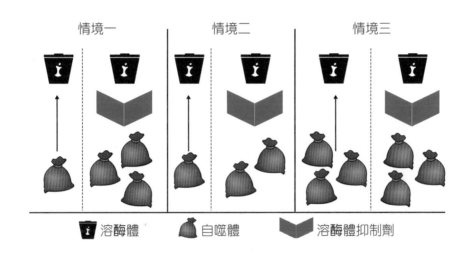

溶酶體　　　自噬體　　　溶酶體抑制劑

人類細胞的研究法

當液胞內細胞質被吞噬泡包圍，形成自噬體。自噬體的外膜隨後和溶酶體融合，內部物質在自溶體中降解了。在大隅良典研究的酵母中，產生了自噬體，但是在哺乳動物的細胞中，自噬是一種調控的生物過程，在組織穩態、發育，以及疾病之中，起了核心的作用。

第一個和重要疾病有關的自噬作用，來自於噬基因Beclin-1，它是BECN1基因的產物。BECN1基因又和酵母Atg6的同一系列的產物；也就是說Beclin-1和酵母菌自噬基因Atg6是同源的物質。BECN1基因突變，會導致人類患有乳腺癌和卵巢癌。科學家發現，抗凋亡蛋白Bcl-2與自噬蛋白的Beclin 1相互作用。

Bcl-2抗凋亡蛋白，抑制Beclin 1自噬。

不能和Bcl-2結合的Beclin 1突變體，比Beclin 1誘導更多的自噬，造成細胞死亡。

因此，Bcl-2不僅起了抗凋亡蛋白的作用，還通過和Beclin 1的相互作用，形成體內平衡的作用。

Bcl-2的抗自噬功能，有助於將自噬維持細胞存活。

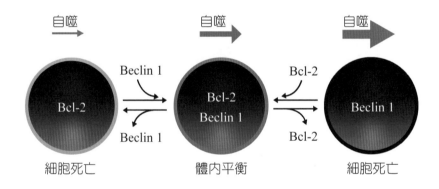

Bcl-2家族蛋白

Bcl-2家族包含了兩類蛋白質：一種是抗凋亡蛋白（antiapoptotic proteins）。抗凋亡蛋白，發揮抗氧化作用，或是抑制氧化自由基的產生，會對細胞凋亡產生抑制作用。

Google

喜劇天王死因解謎！遺孀：路易氏體失智症是凶手。

如果羅賓·威廉斯很清楚他的智力正在流失，且他無能為力去阻止！那麼，一定要做些什麼吧！

我記得他是帕金森氏症吧……。

我宣布，老公，你一定要學習饑餓療法！餓不死的。

因為我們是蠕蟲的食物，伙計們。因為，不管您信不信，我們這個房間裡的每個人都有一天要停止呼吸、轉冷，並且死亡。

羅賓·威廉斯說過的台詞（註）：

Because we are food for worms, lads. Because, believe it or not, each and every one of us in this room is one day going to stop breathing, turn cold and die.

「我們是蠕蟲的食物，小伙子」。英語老師約翰·基廷說。這是羅賓·威廉斯（Robin Williams）在1989年的電影《春風化雨》中扮演的角色。他說：「信不信由你」，他告訴他的學生：「我們這個房間裡的每個人都有一天要停止呼吸、變冷，然後死亡」。

07
體內環保的重要性

Garbage in, garbage out.

垃圾進，垃圾出（縮寫GIGO）

　　科學家用自噬通量（autophagic flux）解決三種情境的問題。

　　那麼，什麼是自噬通量？自噬是一種降解途徑的過程，自噬通量是這一種過程產生降解活性的測量度。

　　自噬通量是指自噬的完整過程，包括自噬體將其形成的包裹物，運輸到溶酶體，並且和溶酶體融合形成自噬溶酶體，產生包裹物的降解，並形成了迴圈。

　　動態檢測法可以測量自噬性蛋白降解的速率，或是運用溶酶體抑制劑捕捉一定時間內的自噬通量，記錄出隨著時間增加，而產生自噬體的累積量。

　　基本上，這就是測量廚餘的運送的情況，以及堆肥桶將廚餘分解的程度。

　　這個過程對於維持能量平衡，以及保持細胞存活非常的重要。因此，自噬途徑存在了問題，自噬通量降低，會產生疾病。

　　也就是說，當廚餘袋不能快速地運送到堆肥桶中時，會導致環境中環保問題的產生。

　　現在，你知道體內環保的重要性了吧！

自噬，是在細胞需要降解的物質周圍，形成噬菌體的膜。自噬的機制，從傳送降解的細胞質蛋白開始。

到目前爲止，科學家研究了幾種自噬分子標記，但是通過加入磷脂醯乙醇胺（phosphatidylethanolamine, PE），將LC3-I轉化爲LC3-II，被接受爲自噬體形成的標準。此外，指標蛋白p62，又稱爲自噬作用接受器自噬受體p62（autophagy receptor p62）也很重要，因爲它是LC3的基質，可以促進自噬過程中的選擇性降解。

現在，請你加入卵磷脂，將微管相關蛋白（microtubule-associated protein, LC3-I）與磷脂醯乙醇胺（PE）（卵磷脂的一種）混合，形成LC3-II，LC3-II是其組成部分的複合物。

然後，等待LC3-II進入膜中，促進自噬體的產成。

自噬體與溶酶體融合，降解內部物質。LC3-II也同時降解，使LC3-II成爲自噬的良好標記。當LC3-II的自噬體產生之後，具有降解酶的溶酶體與自噬體，會融合形成自溶酶體，吞噬細胞同時會吞噬掉細胞質蛋白。

實驗法

通過測量通量（Flux）量化自噬。

爲什麼要測量自噬通量（autophagic flux）？

我們知道在照相時，照片是時間上的靜態瞬間，不會告訴你下一刻之前，發生了什麼事情。

對生物樣品進行靜態測量，例如單一時間的快照，並不會眞正告訴你自噬通量的狀態。

例如，你可能想要測量生物學樣品中自噬體的數量。你會數了又數，發現自噬體的數量有所增加。

但是，你要如何解釋這一種結果？

自噬體的增加，可能意味著有更多的廚餘，可以蒐集，並且可以運送到溶酶體之中。但這也可能意味著將廚餘運送到溶酶體時，會產生種種運輸上的問題。

　　因此，有可能是自噬體卡住了所有廚餘，無法擺脫這些垃圾！

　　這就是為什麼測量自噬通量非常重要，你不僅僅是在瞬間捕獲自噬的快照！

　　通過使用測量自噬通量的方法，你可以推斷出自噬體在其實驗樣品中真正增加的原因。

　　如果LC3-II是存在的自噬體數量的標記，我們是否可以進行蛋白質定量的西方墨點法（Western blot），並且檢測存在的LC3-II的數量，以紀錄自噬呢？西方墨點法（Western blot）是採用膠體電泳分離樣品中的蛋白質，轉漬到膜上之後，進行蛋白質偵測。

　　當然不可能！

　　自噬是一種動態過程，自噬體不斷形成和消失。因此，存在的LC3-II含量，可能意味著兩種情形。

　　如果在西方墨點法看到LC3-II增加，則可能意味著細胞自噬增加，因為存在更多的自噬體。但是，這也可能說明細胞自噬能力降低，因為某些物質抑制了自噬體的降解。

　　如果你看到LC3-II有所減少，也是如此。

　　這可能說明產生更少的自噬體，但也可能意味著更多的自噬體被溶酶體所降解了，也就是產生了更多的自噬體。

自噬通量（Autophagic Flux）
　　自噬通量用於表示自噬的動態過程。具體而言，自噬通量是指自噬的整個過程，包括自噬體的形成、成熟、與溶酶體融合，隨後的分解，以及分子

釋放回到細胞質之中的過程。

自噬通量（Autophagic Flux = LC3-II含量（加入抑制劑）-LC3-II含量（沒有加入抑制劑）

當氧分子分裂成具有不成對電子的單一原子,變成一種不穩定的自由基,這些自由基需要尋求其他原子或分子鍵合。

當然,自由基是不穩定的原子。為了變得更穩定,從其他原子中吸收電子。這可能導致疾病或是衰老的跡象。

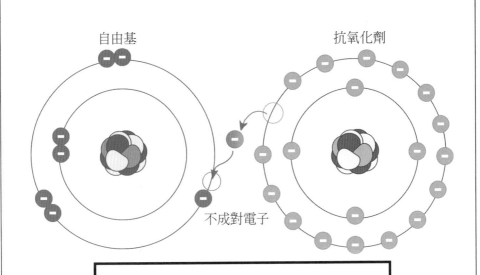

自由基

抗氧化劑

不成對電子

根據衰老的自由基理論,活性氧會破壞線粒體蛋白質,並且降低ATP的產生。

自由基!自由基!多少罪惡,假汝而行。

不要難過!放輕鬆!親愛的。禁食可以產生抗氧化劑,少掉自由基。

蝦毀?

08
通過蛋白質定量測量自噬通量

Any intelligent fool can make things bigger, more complex, and more violent. It takes a touch of genius－and a lot of courage－to move in the opposite direction.

任何聰明的傻瓜都可以把事情搞得更大、更複雜、更極端。有了天才的帶領，加上相當的勇氣，才能扭轉局面。

——愛因斯坦（Albert Einstein）

量化自噬的最佳方法之一，是測量自噬通量（autophagic flux）。

這是說明了多少自噬體形成，然後降解的通量。要測量通量，需要檢測LC3-II轉換率（turnover）或LC3-II差異。

在任何特定時間點，觀察到的自噬體的數量，是其產生速率和其轉化為自溶酶體速率之間平衡的函數。

因此，加入了磷脂醯乙醇胺（PE），可以通過西方墨點法的印跡檢測LC3-I向LC3-II的轉化，來簡單地監測許多自噬體。

由於LC3-II與自噬體膜的結合，LC3-II和自噬體形成數量上的關係。LC3-I轉化成為LC3-II，提供了自噬過程的指標，但是我們還是不知道為什麼會產生這一個數字。

因為LC3-II在早期自噬，也就是自噬體形成的過程中會增加；但在隨後的步驟中卻降低了，因為自己會降解。

因此，即使我們計算自噬通量（autophagic flux）＝ LC3-II含量（加入抑制劑）– LC3-II含量（沒有加入抑制劑），看到了LC3-II的變化量，也不能說明自噬活性有多少，因為細胞中LC3-II數值升高，可能與以下任何原因有關：1.增強自噬體合成、2.自噬體周轉減少、3.溶酶體運輸延遲、4.自噬體和溶酶體之間融合減少、5.溶酶體的蛋白水解活性受損。

影響LC3印跡數值解釋的因素如下：1.與LC3-II相比，抗體對LC3-I的差異親和性；2.LC3-I和LC3-II的不同表達水準，取決於細胞的不同；3.LC3-II本身在溶酶體上會發生自噬降解。

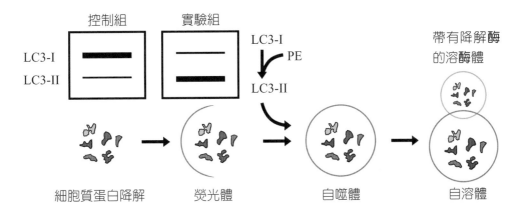

實驗法

通量的標記

我們通過傳統的西方墨點法（Western blot）了解蛋白質印跡，進行測量自噬通量。這種方法可以定量測量樣品中的目標蛋白質。

如果說，LC3-II是一種蛋白質，可以在所有自噬體中找到。也就是說，LC3-II可以看成是廚餘袋上的一個小標籤，標記為將其運送到堆肥桶中，一旦自噬體與溶酶體融合，就可以在溶酶體上發現。

因此，你可以測量LC3-II來了解自噬體和自溶酶體數量的變化。但是，你很快就會遇到與以前相同的問題：如果LC3-II數量增加，是因為廚餘增加了，還是將廚餘運送到堆肥桶時出現了問題？

　　為了克服這個問題，科學家比較了兩種不同治療條件下LC3-II的水準。未經處理的樣品與用阻斷自噬體的藥物處理的樣品，將廚餘運送到溶酶體的過程，稱為溶酶體抑制劑。通過阻止廚餘的運送，以及自噬體與溶酶體的融合形成自溶體，這將導致自噬體的堆積，從而導致LC3-II的堆積。

　　你可以觀察存在或不存在溶酶體抑制劑的情況之下，抑制劑在我的類比當中，就是一道牆壁，你來監測LC3-II數值的變化，以確定樣品中自噬通量的狀態。

　　將細胞在不含巴佛洛霉素A1（Bafilomycin A1）的常規營養豐富培養基中（第1道和第5道），不含巴佛洛霉素A1的常規營養豐富培養基中（第2道和第6道），不含巴佛洛霉素A1的饑餓培養基中（第3道和第7道）和含巴佛洛霉素A1的饑餓培養基中（第4道和8道）進行培養。

　　LC3周轉分析之後，可以區分為低自噬細胞和高自噬細胞中自噬水準的蛋白質印跡的示意圖。

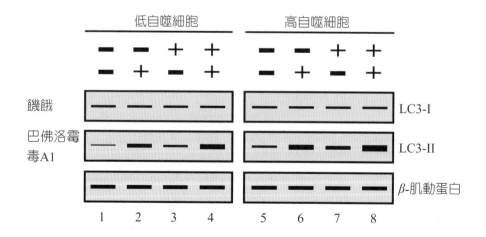

09
看見生物的熒光

The whole of science is nothing more than a refinement of everyday thinking.

科學不過是把日常所思加以精煉。

—— 愛因斯坦（Albert Einstein）

你可以使用熒光蛋白來監測自噬途徑的不同部分。

有一些熒光蛋白，例如綠色熒光蛋白（green fluorescent protein, GFP），在酸性環境（如溶酶體的環境）中無法看到。到目前爲止，黃色熒光蛋白（yellow fluorescent protein, YFP）的波長發射是所有GFP變體中最長的。

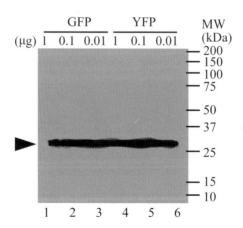

我們可以利用對酸性環境敏感的綠色螢光蛋白（GFP）和對酸性環境不敏感的紅色螢光蛋白（red fluorescent protein, RFP）標記LC3蛋白，因為LC3-II是其組成部分的複合物，你可以利用這一種環境優勢，監控LC3通過自噬途徑所產生的運動。

在作用中，PE的親脂性，有利於LC3-II插入自噬體的膜中。當自噬體與溶酶體融合的時候，LC3-II的蛋白被降解。LC3-II是一種唯一具有明確特徵的蛋白質。從噬菌體到溶酶體降解的過程之中，定位於自噬結構之中。

綠色螢光蛋白（GFP）和紅色螢光蛋白（RFP）

當LC3位於酸性較低的自噬體上時，綠色螢光蛋白（GFP）和紅色螢光蛋白（RFP）都可以看到，因此將顯示為黃色。但是，一旦將廚餘運送到了溶酶體，失去了綠色螢光蛋白訊號，LC3將顯示紅色。因此，監控黃色訊號與紅色訊號之間的關係，讓科學家可以評估LC3通過自噬途徑的進展，從而評估自噬通量。

在生物體中的研究，可以通過引入GFP-RFP標籤的LC3來實現這一種檢測。

觀察法

通量的標記

細胞自噬活性偵測，多採用顯微影像觀察為主，例如透過觀察標記有螢光分子的細胞自噬作用指標蛋白LC3或p62，在藥物干預前後，檢查細胞內的蛋白質表現量增減、以及分布情形變化，來了解藥物干預對於細胞自噬作用的影響性。自噬觀察，使用作為自噬的分子標記，可以用於檢測時的抗稀釋劑。這一種抗LC3抗體（anti-LC3 antibodies）和自噬抑制劑（inhibitor），使用自噬通量測定法（Autophagy Flux Assay），可以檢測

自噬的誘導。

　　試劑盒中還包含用於細胞染色的抗體（antibody）。細胞中的自噬體可以通過熒光標記，來觀察和監測。

　　LC3-II位於隔離膜（自噬體）和自噬體膜上。通過印跡檢測LC3-II條帶強度的增加，在印跡膜上捕獲足夠的訊號。

　　此外，採用自噬通量分析比較，了解使用或不使用溶酶體抑制劑處理的樣品，以評估自噬的誘導結果。

　　LC3周轉分析之後，可以區分低自噬細胞和高自噬細胞中蛋白質印跡的情形。

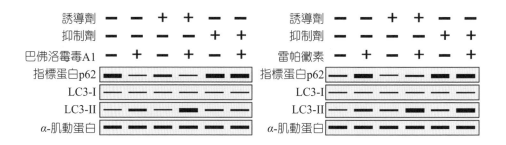

蛋白為細胞自噬檢測工具

　　肌動蛋白（actin）是一種球狀蛋白質，肌動蛋白涉及到細胞運動性、結構，以及完整性。α-肌動蛋白，是收縮器官的主要成分。β-肌動蛋白，發現於細胞的擴展邊緣。α-肌動蛋白和β-肌動蛋白通常用於蛋白質印跡法中作為對照，以標準化總蛋白量，在蛋白質印跡實驗中，當作內部參考，並且檢查樣品中最終的蛋白降解。指標性的核孔蛋白p62（Nucleoporin 62）會誘導鑲嵌有LC3的自噬體到溶酶體，將其吞噬並清除，與底質結合的p62，也能被蛋白水解酶降解。p62複合物的抗體和自身免疫性疾病有關。此外，P62糖基化在糖尿病中增加，在原發性膽汁性肝硬化中也很常見。

10
良典的關鍵詞

我討厭與人競爭，沒人做的領域，我身爲先鋒。

——大隅良典

在一九九○年代初，大隅良典（Yoshinori Osumi, 1945～）在研究中，不斷的問：「爲什麼有這麼多基因尚未被鑑定」？大多數研究人員對於人體中的必需基因（essential gene）感到興趣。然而，大隅良典卻對酵母生長的完整平台感到興趣。他認爲酵母提取物，通常將包含生長所必需的所有氨基酸。他對於Atg基因編碼什麼？Atg基因的複製（cloning）？還有Atg的基因測序，以及Atg蛋白的鑑定感到興趣。

大隅良典認爲，自噬的兩個主要作用，包含了營養循環，以及消除過多或有害的物質。

然而，酵母自噬的成果畢竟不能幫助人類成長。有一些人體的實驗，不可能採用溶酶體抑制劑。例如，溶酶體抑制劑非常適合於體外研究，即直接添加到培養皿中的細胞之中。但是，如果你想在人體完整的器官或系統中，監測自噬通量，這可能嗎？在這種情況之下，我們不可能用人體施用溶酶體抑制劑，這是違反研究倫理的；同時，這是研究的限制。

大隅良典提出細胞研究的關鍵詞

蛋白質聚集體aggregates

入侵細菌invasive bacteria

溶酶體lysosomes

線粒體mitochondria

核nucleus

細胞器organelles

過氧化物酶體peroxisomes

核醣體ribosome

超分子結構supramolecular structures

病毒顆粒virus particles

自噬作用領域開創性的研究

由於大隅良典在自噬作用領域開創性的研究，「細胞自噬」從21世紀以來，受到科學界的矚目，科學家也發現了許多不同形式的細胞自噬。

例如，「細胞自噬」依據目標對象，可分成非選擇性與選擇性。

非選擇性「細胞自噬」常發生在面臨環境壓力之時；選擇性「細胞自噬」常發生在負責細胞內部控管細胞品質的機制。

如果，細胞碰到蛋白質損壞、微生物入侵、線粒體損壞，需要定期清除。

細胞是小型工廠，胞器分工合作。但是，生產線中出現了不良產品，那就要回收或銷毀吧。

細胞中的線粒體的自噬稱為mitophagy，如果碰到的線粒體，透過自噬作用接受器自噬受體p62（autophagy receptor p62），與線粒體上的接受

器帕金蛋白（parkin protein）互相結合，回收損害的線粒體。

LC3-I和LC3-II的差異

LC3-I和LC3-II的差異，可以協助在蛋白質印跡分析中的檢測，LC3-I轉化為低轉移形式的LC3-II，已經被用於無數自噬研究中的指標。LC3-II雖然分子量較大，但是顯示出更快的電泳移動率（electrophoretic mobility）。在免疫細胞組織化學中，觀察到的LC3-II是代表自噬體的點狀染色。在自噬實驗中，最好的方法是在蛋白質印跡法中檢測LC3，並將LC3-I/LC3-II的比例，以及和自噬體的細胞數量算出關聯性。

第二章

實驗室中

01

科學絕不是一種自私自利的享受

In science, we should pay attention to things, should not pay attention to people。

在科學上重要的是研究出來的「東西」，不是研究者「個人」。

——居禮夫人（Marie Skłodowska Curie, 1867～1934）

儘管我們大多數人都聽說過，研究需要根據科學方法（the scientific method）進行，但是從來都沒有單一的科學方法，可以解決所有的問題。在第一章中，我們透過2016年諾貝爾生理醫學獎得主大隅良典的故事，說明生理醫學常用的觀察方法。

如果我們要解決科學問題，需要採用系統性的思考方法。

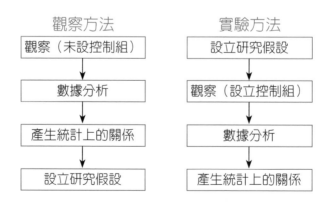

下列是科學家最常採用三種類型的研究方法：

1. 觀察方法。
2. 實驗方法和準實驗方法。
3. 調查方法。

觀察方法（The observational method）

　　觀察方法是自然科學中最常見的方法，尤其是在生物學、地質學，以及環境科學等領域之中。觀察方法涉及根據所紀錄的觀察結果，其中標準觀察方法，規定了要蒐集哪些訊息，應該在何處尋找證據，以及要如何記錄這些訊息。

　　在觀察方法中，研究者不會控制任何變量。實際上，重要的是要進行真實性的研究。由於觀察者使用有問題的儀器，或是個人持續犯錯的問題，而產生的誤差，稱為系統誤差（systematic error）。

　　一旦記錄了所有有效的觀測數據統計樣本，研究者就會針對數據進行分析和解釋，並且發展出可以解釋觀測結果的理論或假設。

什麼是系統誤差？什麼是隨機誤差？

　　什麼是系統誤差？

　　系統誤差，是和設備故障，或是實驗設計有缺陷有關的一種誤差。

　　這種誤差，通常來自於校準不正確，或使用不正確的測量儀器所引起的。

　　但是，有可能是因為下面的原因造成的實驗問題，包括：

系統誤差

1. 儀器太糟了：例如，塑膠捲尺不準，導致長度的測量值太高。或是標定不正確，例如在沒有任何秤重的情況下，磅秤就是無法歸零。
2. 發生誤差的測量：測量者持續進行誤差的測量。例如，如果在即將進行血壓測量之前，總是有某種原因，導致受測人的血壓升高，則血壓測量可能會發生系統誤差。

　　那麼，什麼是隨機誤差呢？

　　隨機誤差，也稱為非系統誤差，是一種沒有規律的誤差。你沒有辦法預測隨機誤差，這些誤差，通常是不可避免的。

「皮式咖啡」（Peet's Coffee）（註）：

又譯為皮爺咖啡，創辦人Alfred Peet在1966年創立，是一家咖啡烘焙、零售的連鎖店，總部位於美國加利福尼亞州舊金山灣區愛莫利維爾。

02
先觀察好？還是先實驗好？

Learning knowledge should be good at thinking, thinking, thinking.
That's how I became a scientist.

　　學習知識要善於思考、思考，再思考。我就是靠這個方法成為科
學家的。

── 愛因斯坦（Albert Einstein, 1879～1955）

　　一九九〇年代初期，當時還是日本東京大學助理教授的大隅良典
剛開始透過光學顯微鏡的觀察方法，對酵母進行觀察，發現了細胞自噬
現象。他設立實驗組（控制組），決定使用出芽生殖的基因改造酵母菌
*Saccharomyces cerevisae*作為模式生物，發現在無營養的培養皿生長的基
改酵母菌。

實驗方法

　　大隅良典透過實驗的手法，運用測試假設，操弄變項。

　　實驗方法是在控制環境之中，操弄變項的學術研究方法。

　　大隅良典推論，如果酵母菌存在自噬作用，當你加入抑制劑，抑制
液泡內酵素，將會產生吞噬入液泡的細胞質成分，隨著時間變化，逐漸累
積。為了驗證這個假說，他製作出缺乏液泡蛋白酶的酵母菌，例如蛋白酶

A、蛋白酶B、及羧基肽酶（carboxy-peptidase）等酵母菌品系。發現在無營養的培養皿生長的基改酵母菌，使用光學顯微鏡就能觀察到自噬顆粒（autophagic bodies），累積在不正常液泡之內。大隅良典因此發現自噬顆粒。

在實驗的過程中，實驗方法（experimentation）是操弄一個或一個以上的變項，並且控制研究環境，衡量變項之間的因果關係。

從他的研究過程中，自噬的階段可以用流程圖來說明。

自噬可以通過營養消耗，或是抑制途徑來誘導。在自噬過程當中，胞漿蛋白和衰老的細胞器，被雙膜的自噬體所隔離。然後，自噬的標記可以看到LC3從細胞質到自噬體的易位。然後，自噬體與溶酶體融合，以促進囊泡和所有內含物（包括LC3）的分解。

自噬的階段的流程圖

大隅良典的故事，讓我們思考什麼是研究。

自噬的研究是在蒐集人類為什麼產生身體問題的資訊。如果我們的問題，要問為什麼人體會停止細胞的自噬作用？答案很有趣，那就是人類攝取了葡萄糖、蛋白質，以及皮質醇。

皮質醇的產生，是來自於壓力太大。你會說「因為壓力會關閉細胞自噬的機制」。

如果你的假設，是「吃東西會停止細胞自噬」；「壓力太大，也會停止細胞自噬。」我會問你，這是真的嗎？

那麼，如何啟動「自噬」的機制呢？

減緩mTOR通路，啓動「自噬」

　　當人體中的葡萄糖或糖減少，負責細胞生長的胰島素訊號傳導途徑和「哺乳動物雷帕黴素標靶蛋白」（mTOR）途徑就會被抑制。換句話說，暫時關閉mTOR。這種對mTOR途徑的抑制作用，向人體發出信號，負責細胞生長的基因可能會中斷。

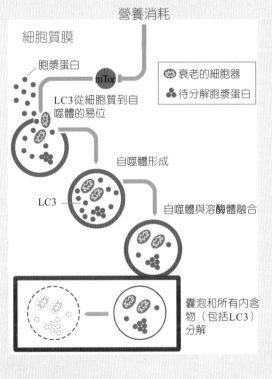

1. 雷帕黴素分子阻斷mTOR。
2. mTOR是一種在人類基因編碼的激酶，調節生長和代謝的關鍵細胞訊號通路，稱為「哺乳動物雷帕黴素標靶蛋白」，簡稱mTOR。
3. 開啓mTOR：細胞生長分裂，消耗營養素，生成蛋白質。
4. 關閉mTOR：進入了保護模式，通過「自噬」的方法，細胞停止生長，並進行蛋白質分解和回收。
5. 限制熱量攝入可延長動物的壽命，其中原因在於減緩mTOR通路，啓動「自噬」。

你的指導教授，喜歡咖啡嗎？

咖啡因（1,3,7-三甲基黃嘌呤）（1,3,7-trimethylxanthine）屬於一種稱為甲基黃嘌呤的化合物，主要因其刺激作用而聞名。在自然界中，咖啡因是一種植物生產的天然殺蟲劑，可以防止昆蟲接近。在現代人類飲食中，咖啡因是飲料中非常常見的成分。高達85%的美國成年人經常喝咖啡，攝食咖啡因的成分非常高。美國人每天消費約186毫克咖啡因，但是日本人每天的消費高達260毫克。歐盟建議成人平日不應攝取超過300毫克咖啡因，至於孕婦則不攝取超過200毫克咖啡因。喝太多咖啡會導致咖啡因過高的副作用，包含焦慮症狀、失眠、心律不整、以及減少睡眠週期。

03
重要的是研究出來的東西

The world of human beings can not see, it is not a fantasy, but the actual existence of the science of the shining. Distinguished is the power of science.

人類看不見的世界，並不是空想的幻影，而是被科學的光輝照射的實際存在。尊貴的是科學的力量。

──居禮夫人（Maria Skłodowska-Curie）

我們開始進行研究。首先，要了解什麼是研究（research）。研究這個詞彙，源自中古法語recherche，意思是「去尋找」，這一個詞，本身源自於古代法語的術語recerchier。

什麼是研究呢？
法語 Recherche = recerchier = 再（re-）＋尋找（cerchier）或 尋找（sercher）
英語 Research = 再（re-）＋尋找（search）

西方語系的研究（research）這個單字最早的記錄是法語recerchier，起源於1577年的法國，意思是搜索、尋找。

研究的定義，是為了增進人類對於自然和人類社會所需要的知識，而進行的創造性和系統性的方法工作。

研究方法涉及到資訊的蒐集、組織和創造，以增進對於研究主題或

研究議題的理解。所以，研究內容可能是針對這個研究領域過去研究項目的擴展。為了測試研究儀器、研究程序，以及實驗的有效性，一個科學性的研究，可以複製過去計畫的內容，並且從新的內容中，找到研究的創意點。

眞正的學術研究，要在自由的氛圍之下進行，從尋找研究課題開始，製訂研究計畫，做好研究前的各種準備工作，研擬研究方法，找到好的研究途徑，實際進行操作，最後寫出結論。

斷食的研究問題

研究（research），非常注重提出的問題，這些問題需要靠「標準作業程序」來達成。

「如果在斷食中，不吃葡萄糖、蛋白質、脂肪，會產生什麼影響？」

「如果我們在咖啡中，放了很多奶油，妨礙到細胞的自噬，會產生什麼影響？」

這些都是科學家有興趣的話題。

隨機對照試驗（randomized controlled trials, RCTs）

劍橋大學劍橋醫學研究所的副主任盧賓斯坦（David Rubinsztein）說：「從老鼠實驗的證據顯示顯然是這樣的」。他說：「一些研究利用禁食、基因工具，或是藥物來啓動這一過程。結果發現這些動物似乎壽命更長，健康狀況也更好」。但是，盧賓斯坦常常語帶保留，他說：「並不清楚是否適用在人身上」。

盧賓斯坦的實驗室發現帕金森氏症，運用自噬調節，影響了胞漿內聚集蛋白，自噬可能在神經退化性疾病中得到抑制。此外，他的研究提高了

對自噬的基本認識，他目前專注於了解如何在體內誘導自噬反應，以去除有毒蛋白質，並且避免神經退化性疾病的發生。

「細胞的自噬，來自於下面的因素。包含了熱量、健康程度，還有運動。」「如果吃了越多的熱量，細胞越不能自噬。此外，健康程度也影響到自噬。青少年的新陳代謝非常旺盛，比老年人更容易進入細胞自噬。」「運動有助於細胞自噬，但是運動不能過量。運動過量造成皮質醇過高，也會妨礙細胞的自噬。」「科學家認為，斷食16～18小時，進入到細胞的自噬。」

以上的研究答案，真的是對的嗎？不然，因為很多肯定句，到了科學家的眼中，都變成疑問句。因為以上的論點，都不是科學家進行人體實驗的結果。

科學研究，需要避免誤差。我們在實驗室中，如何來避免「系統誤差」和「隨機誤差」；如何避免「誤差推論」呢？

首先，我們先將受試者隨機分為兩組進行試驗：

一組是實驗組，接受測試的干預措施。一組稱為對照組，或是稱為比較組，接受替代方案的處理。

然後，針對兩組進行隨訪或是測試，以查看結果之間，是否存在著差異。

試驗的結果和隨後的分析，用於評估干預措施是否有效。

隨機對照試驗（randomized controlled trials, RCTs）是確定在你嚴格的控制之下，兩者結果之間，是否存在因果關係的嚴格方法。

「咖啡因」攝入對衰老小鼠的影響

實驗設計

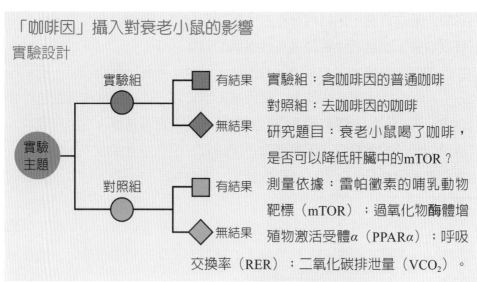

實驗組：含咖啡因的普通咖啡

對照組：去咖啡因的咖啡

研究題目：衰老小鼠喝了咖啡，是否可以降低肝臟中的mTOR？

測量依據：雷帕黴素的哺乳動物靶標（mTOR）；過氧化物酶體增殖物激活受體α（PPARα）；呼吸交換率（RER）；二氧化碳排泄量（VCO_2）。

04

自噬——細胞回收機制

Science is endless, it is an eternal mystery.
科學是永無止境的，它是一個永恆之謎。

——愛因斯坦（Albert Einstein, 1879～1955）

　　自噬是我們細胞的自我消化機制，可將廢物和舊蛋白質作爲能量進行回收。自噬過程與防止帕金森症、阿茲海默症，以及癡呆症等大腦神經退化性疾病的保護作用有關。

　　空腹誘導的自噬反應，也顯示出在空腹狀態之下，肝臟、心臟、肌肉，甚至大腦組織中自噬體，也就是自噬過程中進行細胞成分循環的細胞器的數量，顯著增加。

　　爲了要研究喝咖啡的衰老小鼠中的排泄物，需要進行了生物化學和生物分子的分析。也就是說，在實驗期間，讓衰老小鼠定期飲用咖啡，可以觀察到實驗組和對照組之間，衰老小鼠的身體、肝臟，或是脂肪的重量變化。衰老小鼠也會增加二氧化碳和氧氣交換率的能量消耗。

　　2014年在《細胞週期》期刊發表的一項研究中，科學家研究含咖啡因和不含咖啡因的咖啡，對自噬的影響。他們發現，在飲用咖啡後1～4個小時，小鼠快速自噬。包括肝臟、心臟，以及肌肉組織在內的器官中，都觀察到自噬現象的增加。

關閉和抑制mTOR

喝了含咖啡因的和不含咖啡因的咖啡，因為mTOR酶活性受到抑制，導致衰老小鼠自噬反應。喝咖啡還與細胞蛋白的脫乙醯作用有關，因為關鍵蛋白的脫乙醯作用（deacetylation），也就是將乙醯基移除的反應，會開啟自噬。此外，抗氧化劑化合物也可以使關鍵蛋白質脫乙醯化，開啟自噬功能。

這項研究證明，可能是多酚類（polyphenols）對於自噬的活化作用。多酚類物質具有很強的抗氧化作用，常見的多酚化合物有：兒茶素、綠原酸、異黃酮、花青素、薑黃素、槲皮素、芸香苷、可可多酚、檸檬黃素、白藜蘆醇等。綠茶、葡萄，以及深色的蔬果都是多酚類物質的一個來源。

酵母菌會自噬！地球也會自噬嗎？

1955年，科學家發現溶酶體（lysosome），這是一種可以分解蛋白質、醣類，以及脂肪的分解酵素體。比利時科學家德迪夫（Christian de Duve, 1917～2013）發現了細胞自噬體（autophagosome），會進行細胞自噬（autophagy）作用，找到身體內的資源回收機制，德迪夫在1974年獲頒諾貝爾生理醫學獎。2001年諾貝爾生理醫學獎得主哈特韋爾（Leland Hartwell, 1939～）運用酵母菌進行研究，他發現調控細胞週期的關鍵角色，並發現了控制起點對於細胞分裂週期（Cell-Division Cycle, CDC）的基因。

2013年諾貝爾生理醫學獎得主謝克曼（Randy W. Schekman, 1948～）研究酵母菌，針對細胞膜囊泡運輸進行研究。謝克曼的研究運用於神經系統疾病、糖尿病、免疫系統疾病的病程生理轉變。

2013年諾貝爾生理醫學獎得主謝克曼回憶他的童年，他說：「我小時候每年的旅行，都是到明尼蘇達州北部的一個湖上的小屋度假。

我的祖父會帶我們去在船上釣魚，包括翻車魚（sunfish）、玻璃梭鱸（walleye）、莓鱸（crappie），以及白斑狗魚（northern pike）。」十三歲時，謝克曼收到一個顯微鏡的玩具，他從一滴池塘中的水滴，看到的豐富的微生物生命。他努力打工存錢，希望買一台100美元的顯微鏡，觀察草履蟲和輪蟲。謝克曼在念加州大學洛杉磯分校的時候，因為姊姊溫蒂罹患白血病過世，他的成績一落千丈，好幾科不及格，甚至大學無法畢業。1971年，加州大學洛杉磯分校文理學院院長（Dean of College of Letters and Science）特許他畢業。他的大學老師雷伊（Dan Ray）說：「因為他在大學的時候，就有兩篇《分子生物學期刊》期刊論文和一篇《自然》的期刊論文發表。」

05
誤差有兩種

Each of my discoveries is not through rational thinking, not through a sense of awareness and awareness, rather than through the rational thinking of the lower idiot.

我的每一項發現都不是通過理性思考獲得的；不，是通過進入一種覺知和意識，而不是通過低階白痴的理性思考。

——愛因斯坦

Google 2018年最流行的是生酮飲食。2019年最流行的飲食法，是間歇性斷食。

我們運用Google，在網頁上進行搜尋「自噬、多酚」，會產生各種各樣的結果。瀏覽第一頁的收錄文章，標題為：《華文健康》「如何不利用斷食來增加身體的自噬？」《元氣網|聯合新聞網》的標題「劉秀枝／喜歡喝咖啡嗎？又多了一個理由」。或《香港財經時報》的「禁食好處多｜斷食一至二天可激活體內3種機制！教授親述日常飲食小建議｜健康基因」。有人可能想知道記者引用的國外研究，是誰參加了這些研究，以及這些資訊是否準確？這在統計上是個相關的問題，因為所有社會統計數據的有效性，都取決於研究人口樣本的代表性。

在科學領域中，數據分析經常被用為特定研究主題獲取結論的方法。

由於研究方法中的系統誤差，導致研究結果與事實有所誤差。

通常，「系統誤差」有兩種主要形式：

1. 選擇偏見：這是由於正在研究的兩組，在某種程度上系統的不同。
2. 觀察者／資訊偏見：在蒐集資訊的方式上，存在著系統性的差異。

有一種「隨機誤差」，會導致干預與結果之間的關聯。最小化「隨機誤差」的最重要設計策略，是擁有大量的樣本數量。

誤差的結果，會影響普遍性的詮釋。因此，我們需要精心設計的隨機對照試驗（RCTs），藉以有效減少或消除這些誤差。

你可以代表誰？

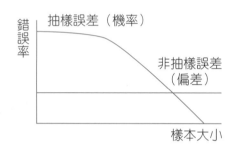

我要怎麼避免實驗誤差？

上帝不擲骰子

I, at any rate, am convinced that He does not throw dice.

我，無論如何，深信上帝不擲骰子。

——愛因斯坦

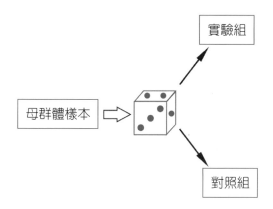

隨機抽樣：優質樣品的特徵

1. 隨機抽樣應該以公平的比例代表總體，也就是母群體。因為抽樣不當，會在實驗中產生抽樣誤差。

2. 樣本應該符合實驗條件，並且達到科學家的希望。

3. 所選樣本應該是隨機的，表示母群體中的每個樣本，都有相同的機會被選中，因此可以實驗組和對照組的真實特徵。

4. 樣本應該足夠大到可以提供有關實驗組和對照組的詳細資訊，以便為統計分析，提供穩定和可靠的資訊來源。

5. 所選擇的樣品應該是相當優惠的，可以用較少的預算成本和精力來取得。

6. 樣本設計應該簡單明瞭，讓研究團隊的每個成員都可以理解。

隨機抽樣的優缺點

1. 優點

(1)這是最簡單的數據採樣方式，因為在採樣過程之前，不需要擁有任何知識，每個樣本都有相同的機率會被選擇。

(2)為了研究人員提供了誤差較少的統計分析的機會。

(3)為了減少研究人員的偏見，可以使用多種類型的隨機性。

(4)容易形成實驗組和對照組。

(5)研究人員可以輕鬆地將研究結果應用於整個母群體。

2. 缺點

　(1)樣本大小太大或是太小，都會對實驗結果，造成影響。

　(2)不會考慮研究人員的個人想法和先驗知識。

　(3)通常很耗時。

　(4)與其他數據蒐集的方法相比，這一種抽樣方法，會增加研究過程的預算
　　成本。

　(5)無法保證這一種調查或是實驗結果，會被普遍接受。

設計隨機對照試驗（RCTs）

In an RCT, if we are lucky, we find the average difference in effect produced by the treatment in the population sampled.

　　如果幸運的話，我們在RCT的樣本人群中，發現了治療所產生平均效果的差異。

──卡特賴特（Nancy Cartwright）／倫敦政經學院哲學教授

　　將受試者隨機分爲兩組，是建立在干預之後，因果解釋的基礎。

　　我們要將系統誤差和抽樣誤差，減到最小。因此，最有效的隨機化，是將隨機化的混淆變量，減少到最小。

　　有時候，還要必須對於團隊的研究人員隱藏隨機化。

　　在進行實驗組和對照組的時候，我們採用分組隨機。分組可能適用於較小的試驗，以確保每個組中的數目都會均等。因此，在進行科學試驗中，我們要將研究的樣本隨機測試，看看假設是否正確。如果確實存在著差異，則在臨床試驗中，要招募足夠的患者，看看是否檢測出臨床治療上重要的差異。

　　我們將受試者（實驗組／對照組），進行隨機分組，以消除選擇偏見，減少可能的混淆變量。

　　除了要測試的干預措施之外，受試者（實驗組／對照組）兩組在所有方面都需要相同的對待，控制所有變因。因此，在理想情況下，患者和研

究人員，都不知道分配給哪個組，這叫做雙盲試驗（double blinding）。

連評估結果的研究者，都不了解治療方案的分配。

無論是否經歷了預期的干預措施，都在分配患者的組內，對患者進行分析。

分析的重點，需要測試最初導致試驗的研究問題。也就是要根據測試的先驗假設進行分析，而不是「牽拖式」尋找明顯的差異。

該是什麼結果，就是什麼結果

我們在分成兩組的時候，需要將可能混淆變量的潛在原因消除。也就是說，分層隨機化，是在兩組之間，進行平均分配。在最後結果分析時，要依據最剛開始隨機抽樣進行，即使研究對象在實驗途中，可能發生的實際任何變化，都沒有關係。該是什麼結果，就是什麼結果。

設計實驗組

我們將受試者隨機分為兩組：

一組是實驗組，接受測試的干預措施。

另一組是對照組，接受替代方案（可能是常規的做法，或是什麼都不做）來處理。然後，對兩組進行試驗／實驗，後來進行受試者隨訪（follow-up），以查看結果之間是否存在差異。

試驗的結果和隨後的分析，用於評估干預措施是否有效。在臨床試驗（clinical trial）中，這是治療、程序，或是對於患者的服務，研究的好處多於傷害的程度。

也就是說，隨機對照試驗（RCTs）是確定干預與結果之間，是否存在因果關係的最嚴格方法。

簡單隨機抽樣

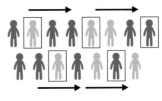
系統抽樣

分層抽樣

群集抽樣

隨機抽樣的類型

1. 簡單隨機抽樣：簡單隨機抽樣（simple random sampling）是一種沒有偏見的抽樣技術，需要涉及大量的樣本。研究人員無需事先了解蒐集的數據，也不限制樣本的大小。隨著需要採樣的樣本越多，數據的質量就越高。

2. 系統抽樣：在系統抽樣（systematic sampling）方法中，研究人員列出潛在樣本的列表，然後選擇一個隨機點，以在採樣架構之中進行選擇。但是，如果列表是以特定方式進行排列，可能會產生偏差。

3. 分層簡單隨機抽樣：在分層抽樣（stratified sampling）中，運用簡單隨機抽樣的觀念，研究人員根據樣本的類別，從各組中挑選的母群體的分層比例，抽取樣本。分層抽樣會將樣本分為兩個或多個層次。例如說，依據男女性別，可由男女性別中獨立、隨機抽取樣本。

4. 群集抽樣：群集抽樣（cluster sampling）將整個母群體依據特性，分成若干群集（cluster），在進行抽樣時所選取的是群集，當某個群集被選取時，運用簡單隨機抽樣，隨機抽取樣本。例如，在地理區位之中，村莊、城鎮可以是一個群集單位。我們可以在所選取之集群中，再進行隨機抽樣，以選取樣本，稱為二階段（two-stage）抽樣。

銀河系大約有2500億（2.5×10^{11}）顆恆星，可觀測宇宙內有7×10^{22}顆恆星。即使生命以很小的機率出現在宇宙中，那麼在銀河系內，應該有相當大數量的智慧文明。

07
我該給安慰劑嗎？

Radical errors in the first concoction of the mind are not to be cured by the excellence of functions and remedies subsequent.

最初內心的融合之根本性的錯誤，不能通過之後的補救措施來解決。

——培根（Francis Bacon, 1561～1626）／英國哲學家

隨機分組後，將有兩組（或更多組）進行測試，其中一組將接受測試干預，另一組（或更多組）將接受標準干預，或是給安慰劑，或是不做任何的處置。

在理想情況之下，研究對象，或是研究團隊執行後續測量和數據蒐集的任何研究人員，都不應該了解研究組的分配。

有效的隨機化，消除任何變量造成的混淆。如果沒有有效的雙盲（double blinding）試驗，或是研究者知道受試者的工作分配，則可能會引入研究偏見，因為可能會有意或無意額外關注實驗組，也就是干預組。

研究偏見會將干擾變量，引入到另一組中原來不存在的變量之中，最終可能會對觀察得到的結果，產生奇怪的結果。

如果進行雙盲試驗，需要進行安排，以製造看起來與試驗藥物相似的安慰劑，設計用於包裝和標籤系統，並需要解決任何導致受試者不安的事件。

如果干預措施具有可識別的副作用，則可能隨後導致研究成果失敗。研究結束之後，可以通過要求研究者猜測治療方案，來測試雙盲法的有效性。如果研究者能夠正確猜出分配，也應該考慮這種研究偏見的來源。

干預的結果

在科學研究領域中，從醫學、食品、心理到社會科學，都可能使用雙盲的試驗方法。

1. 如果要避免偏見，在應用干預和衡量結果的階段，就一定要用干預方法。
2. 理想情況下，受試者和研究者應該對任務都不知情（雙盲），但是即使在不知情的情況之下，受試者／評估者也有可能衡量結果。
3. 通過干預的實驗組，和沒有干預的控制組（也就是對照組），在各個方面，試驗的條件，都看起來相似，來實現雙盲的試驗。
4. 雙盲試驗是科學方法的一種，目的是避免研究結果受到安慰劑效應或是觀察者偏見所影響。

開始的假設

研究需要有一個假設。這個假設H_1，是指定預測變量與結果變量之間的預期關係。

同時，要設定一個虛無假設H_0，假設你預期預測變量與結果變量之間，沒有關係，以便可以進行顯著性統計檢驗。

良好的假設只指定一個特定的論點，並且在試驗開始之前，事先進行了文字表述（*a priori* proposition）。

先驗和後驗

1. 先驗（拉丁語：*a priori*）：事前的。在拉丁文中指來自先前的東西，或引申為「對於先出現者而言」（from what comes before）。

2. 後驗（拉丁語：*a posteriori*）：事後的。在拉丁文中指來自事後的東西，或引申為「對於後出現者而言」（from what comes after）。

命題

1. 先驗命題（*a priori* proposition）：在邏輯上，這個命題還沒有經過分析，也還沒有經過試驗驗證，或是獨立於經驗之外的命題。

2. 後驗命題（*a posteriori* proposition）：在經驗上，這個命題是根據過去的實證經驗。因此，後驗的命題是可以知道的命題。

　　選擇了要研究的主題，尤其是要測試的假設之後，以擬定協議的形式進行記錄。首先要說明要檢驗的假設，例如：「多酚類（polyphenols）對於自噬有活化作用」。請依據相關的國內外文獻，進行綜述分析，這些期刊文獻的重點，需要和研究「多酚類（polyphenols）對於自噬有活化作用」的干預性研究有證據關係。

　　在研究計畫的規劃階段，撰寫契約的協議事項非常重要。通過研究倫理審查委員會針對書面協議的同儕評審，其他學者可以在修改的階段，進行建設性批評研究方法。因此，需要參考經驗豐富的研究人員的建議。

08
選擇收案的人數

In a universe of blind physical forces and genetic replication, some people are going to get hurt, other people are going to get lucky.

在盲目的物理驅動力和基因複製的宇宙之中，有些人會受傷；另一些人會很幸運。

——道金斯（Richard Dawkins, 1941～）／英國演化生物學家

研究設計的收案人數非常重要，抽樣不佳，會破壞研究的普遍性，甚至由於抽樣偏見，會降低樣本的有效性。

首先，需要確定研究的內容，以及如何招募參與者。

如何招募參與者，涉及到研究人員的任務。

使用的抽樣策略，將確定實際研究的樣本，是否代表目標族群。為了使研究的結果對目標族群具有普遍性，經過隨機抽樣之後，如果抽樣的標準很寬鬆，將很容易招募到研究對象。

在有限的試點研究，將使研究人員可以了解真正的招募人數，因為不是每個人都想要做「白老鼠」。

在進行招募的時候，需要定義排除標準，其中包括的條件，可能和要測試的干預措施相反的受試者；難以遵循所需治療方案的受試者；或是無法提供知情同意（informed consent）的受試者等。

編寫操作手冊

　　操作手冊的編寫，定義如何招募受試者，如何進行測量等。安排培訓課程教育調查人員閱讀操作手冊，讓調查人員以標準作業程序執行各種測試。在操作手冊計畫書中，量化研究需要填寫「有效樣本數」，質性研究需要填寫「收案人數」，依據研究方，敘述研究設計內預計收案人數及執行地點。研究應尊重研究參與者自主權利，包含中途退出。研究並應依研究倫理審查委員會通過的內容執行。若是本研究預計收案人數比較設計時之人數多，填寫如下。例如：有效樣本數100人，加上預估流失人數20人，共計收案120人。

不斷的重複試驗

　　科學實驗，最可貴的就是實驗室的研究，對於結論可以做到非常確定，而且可以重複做，也就是可以複製（replication）。但是，你的重複做，是真的重複？還是偽複製（pseudoreplication）呢？偽複製是一種人為增加樣本或複製數量的過程。對於數據執行的統計檢驗，變得無效。

　　偽複製最初是由赫爾伯特（Stuart H. Hurlbert）在1984年定義的。所謂偽複製（pseudoreplication），是測量值的數量，超過真實複製的數量，並且在統計分析將所有數據點視為獨立數據，就會發生偽複製。赫爾伯特區分了可以接受的研究設計，包括完全隨機（completely randomized）、隨機區組（randomized block），以及系統設計（systematic design）。

　　所有研究設計，在統計上都是獨立分布的重複試驗。但是，偽複製設計則缺乏可以重複試驗的獨立性。

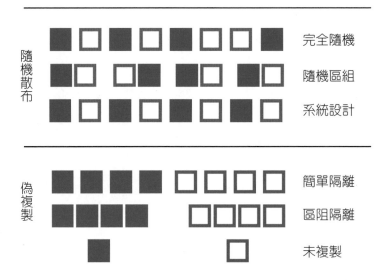

通過人為增加樣本大小，偽複製會導致不可複製性，這是科學研究中普遍存在的問題。如果你正在研究一群人，由於研究經費的限制，可能無法檢查所有人，必須選擇一個要研究的課題組，稱為研究樣本。你需要有足夠大的樣本，以便可以合併最多的變項。偽複製就是指你選擇的樣本，不能準確反映整個母群體。

複製，提高了估計的精度，而隨機化解決了樣本在總體上的廣泛適用性。因此，複製（replication）必須適當：除了在隨機區組（randomized block）「之內」進行重複試驗之外，還必須考慮在實驗隨機區組「之間」，進行重複試驗。

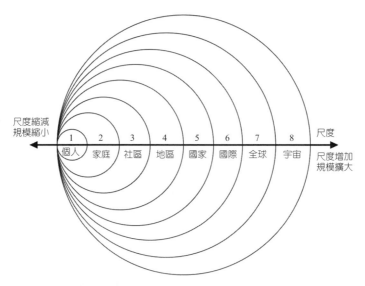

09
你的證據客觀嗎？

The weight of evidence for an extraordinary claim must be proportioned to its strangeness.

特殊主張的證據，必須與其陌生感，能夠對等兩者之間的權重。
—— 拉普拉斯（Pierre-Simon marquis de Laplace, 1749～1827）／ 法國天文學家

你看了那麼多的試驗報告，你會採取綜合證據（evidence synthesis）嗎？如果「多酚類（polyphenols）對於自噬有活化作用」。那麼，「咖啡中的多酚類有哪些？」「茶類也有多酚類，是不是也會引發自噬？」還有「兒茶素、綠原酸、異黃酮、花青素、薑黃素、槲皮素、芸香苷、可可多酚、檸檬黃素、白藜蘆醇都是多酚類，哪一種效果更好？」

我們在這裡不給答案。你也可以檢查最新的期刊論文。運用綜合證據（evidence synthesis），檢索、評估、合併，以及總結以上研究主題領域的相關研究結果。

綜合證據的主要目的，是估計「收案的人數」，在兩種「干預措施」的相對效果時，可以通過對於隨機對照試驗（RCTs）進行系統回顧和使用統合分析技術（meta-analytical techniques）對RCT結果進行綜合來實現。然後，計算出效果的匯總值，並在不確定性的相關範圍內，考慮到統合分析中研究報告的每種「多酚類」（polyphenols）產生良好效果的精確度，並且可以使用權重來考慮研究之間異質性（between-study heterogeneity）。

　　但是，當有多種方法可以使用時，可以使用間接比較（indirect comparison）來進行研究，這是成對統合分析（pairwise meta-analysis）的擴展。通過對比兩種研究，可以直接進行a與b的比較，這一種比較，還可以通過間接比較來進行。在下圖中，對於a對b和a對c，既有直接證據（實線），也有b對c間接證據（虛線），可以將這兩種類型的證據合併為混合處理，進行比較。

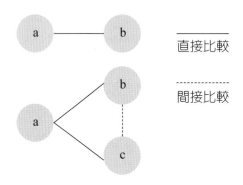

直接比較

間接比較

該做整合了吧！

　　生物學的根源在於自然主義（naturalism）。畢竟，達爾文（Charles Darwin, 1809～1882）在小獵犬號（HMS Beagle）進行博物學研究的時候，他對南美和加拉巴哥斯群島發現的野生動植物的複雜描述，讓達爾文提出了自然選擇的演化理論。

　　自然主義通常是定性的，這是一種敘述性的自然。也就是說，自然歷史依據無法直接測量，或是難以轉換為數字的描述或觀察。

　　定性數據的範例，包括了顏色、紋理，以及氣味等。

　　另一方面，生物學也可以是定量的。定量數據包括數值，例如身

高、面積、速度、時間，以及年齡等。分析定量數據需要統計資訊，這是一種檢測和描述數據模型的方法。

我們不斷的重複試驗。因為重複試驗，是統計和實驗設計的關鍵組成部分。當你要比較兩組（例如，接受新藥治療的人和接受安慰劑的人）有什麼不同的時候，你需要比較的不僅僅是一個已經接受治療的病患，和一個沒有經過治療的病患。

這一種比較，已經是邁出實驗室的實驗了，你必須要開始重複性的實地研究，經歷一場相當迷惑（confusion）的階段。

一般來說，你所調查的數據，都是沒有辦法真正的進行完美的測量，即使可以盡量完美。但是，數值變化，通常也是我們試圖測量自然模型的一部分。

也就是說，即使製藥公司完美地設計和執行藥物測試，對一個人有用的藥物，對另外一個人來說，也不一定有用。因為，每個人都是獨一無二的。這就是為什麼我們需要進行實驗複製。我們要盡可能地測量這種變化，並且納入我們的統計分析中。

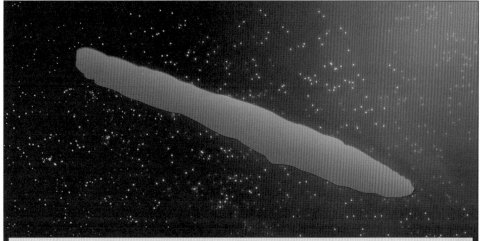

2017年，有一個雪茄狀、細扁狀物體，造訪了太陽系。哈佛大學天文系系主任勒布（Avi Loeb, 1962～）認為，這個物體不是單純的行星體，而是來自太空文明的產物。

第三章

推論的過程

因果推論

要精通一切，是不可能做到的。

——山中伸彌（Shinya Yamanaka, 1962～）
／ 2012年諾貝爾生理醫學獎的日本幹細胞科學家

　　人類會推論，因為人類擁有理性。在歷史上，理性主義和經驗主義，產生了許多衝突。德國哲學家康德調和了笛卡兒的理性主義和培根的經驗主義。康德研究了歐陸的萊布尼茲理性主義，並且思考了英國哲學家休謨、柏克萊的經驗主義。

　　康德認為，因果律（causality）是人類理性的結果。所謂的因果律，是一個事件和第二個事件之間的關係，其中後面發生的事件，是前面一個發生事件的結果。一般來說，自然科學的因果關係，也就是「物有本末、事有終始」，以及「種瓜得瓜、種豆得豆」的意思。

　　從「間接比較」（indirect comparison）進行說明，我們還可以指一系列因素和一個現象之間的先後關係。因此，針對結果產生影響的任何事件，都應該是這一種結果的某一個因素。

　　康德贊同休謨認為因果律（causality）不全然來自於經驗，但他相信他可以證明「自然法則」，因為自然法則就是人類所認知的法則。因果律其實就是人類理性的表現。因果可以是一種狀態或是事件，在時間序列分析中，因果關係用於根據一個變量針對另外一種變量的影響程度。

相關不代表因果（Correlation does not imply causation）

相關不代表因果（Correlation does not imply causation）是統計學經常強調的重要觀念。

如果兩種狀態或是事物，可能有關時，也就是當一種事／物出現時，另外一種事／物也會出現，這兩者不一定有因果關係。例如，細菌導致惡臭；細菌導致疾病。但是，當人體惡臭產生的時候，不一定會診斷出疾病。

你的論點是？

我研究了康德（Immanuel Kant, 1724～1804）在1781年發表的《純粹理性批判》中的理論，作為論點的起源。康德認為，科學上的爭論之所以會產生，是由於人類不了解理性認知之極限。因為了解世界，涉及到經驗，這些經驗超越了個人的經驗。這也是《莊子》在秋水篇中所談的：

「井蛙不可以語於海者，拘於虛也；夏蟲不可以語於冰者，篤於時也；曲士不可以語於道者，束於教也。」

井底之蛙，不能談論大海，是因為「空間」的限制。夏天的蟲子，不能談論多天的冰雪，是因為「時間」的限制。人類不能夠談論無法理解的事物，是因為「自身」的限制。

人類的科學，就是不斷在人類對於「時間」、「空間」經驗的不斷探索，還有科學家的研究「壽命、能力，以及經費」的自身限制之中，不斷

在嘗試錯誤，前仆後繼。

　　我在書中有時使用正論（thesis）、反論（antithesis），以及合論（synthesis），例如，作為原始論點（內部因子）、對立論點（外部因子），以及綜合論點（中介因子）。

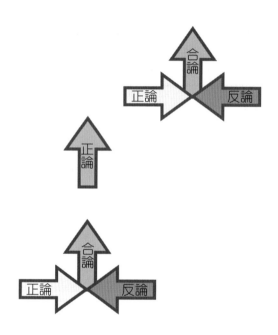

康德的論點

　　康德將人類的論點，區分為正論（thesis）及反論（antithesis），二者在邏輯上相互對立。依據康德將其概念具體化如下：

1. 正論（thesis）：世界有一個時間的開始，並且在空間方面是有限的。

2. 反論（antithesis）：就時間和空間而言，世界沒有起點，沒有空間的限制，但是有可能是無限的。

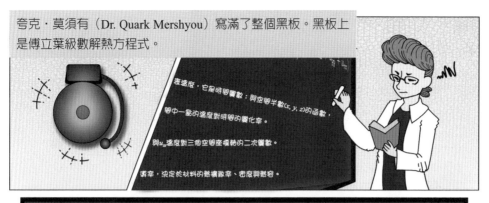

夸克‧莫須有（Dr. Quark Mershyou）寫滿了整個黑板。黑板上是傅立葉級數解熱方程式。

$$\frac{\partial u}{\partial t} = \mathrm{div}(Uu) = k\left(\frac{\partial^2 u}{\partial x^2} + \frac{\partial^2 u}{\partial y^2} + \frac{\partial^2 u}{\partial z^2}\right) = k(u_{xx} + u_{yy} + u_{zz})$$

其中：

1. $u = u(t, x, y, z)$表溫度，它是時間變數t與空間變數(x, y, z)的函數。
2. $\partial u / \partial t$是空間中一點的溫度對時間的變化率。
3. u_{xx}，u_{yy}與u_{zz}溫度對三個空間座標軸的二次導數。
4. k是熱導率，決定於材料的熱擴散率、密度與熱容。

假裝抄筆記。

起床了！

傅立葉（Joseph Fourier, 1768～1830）

02
統一思想

There is synthesis when, in combining therein judgments that are made known to us from simpler relations, one deduces judgments from them relative to more complicated relations. There is analysis when from a complicated truth one deduces more simple truths.

相對於較複雜的關係時，當你綜合起來，從較簡單的關係中得出的判斷，就可以得出合論。合論就是從複雜的事實，推導出更簡單的事實。

——安培（André-Marie Ampère, 1775～1836）／法國電流物理學家

正論（thesis）、反論（antithesis），以及合論（synthesis）最早是由矛盾、對立、統一所思考的。對立統一是一種哲學概念，最早的提出者是古希臘哲學家赫拉克利特（Heraclitus，約475 BC～500 BC）。赫拉克利特提出了「萬物皆流，無物常住」的變動觀，強調了事物發展變化的變化性。

他對辯證法的最大貢獻是提出矛盾的雙方「相互依賴、相互鬥爭、相互轉化」的思想，這也就是對立統一思想。

古希臘哲學家阿那克西曼德（Anaximander，約610 BC～546 BC）認為所有元素皆為相互對立。現代哲學中的對立統一是一個辯證法上的概念，有時可見於形上學或科學領域。

我解釋一下，正論（thesis）、反論（antithesis），以及合論（synthesis），是三種不同觀念，或是命題的辯證發展，其中第一個觀念（例如，內部因素），其中否定第一個觀念的第二個觀念（例如，外部因素），兩者之間的衝突，需要由第一個和第二個想法，相互轉化後第三個想法（例如，中介因素）進行解決。

　　沒關係，黑格爾是否說過了正反合論，不在我的探討範圍之內。既然本書是辯證法之一的《闇黑研究方法》，對立論和綜述論已經被納入論述性寫作的一種策略。但是，我對這個正反合論的結果相當不滿意。這太簡單了。也因此，我在2020年創建了三角金字塔模型，以修改黑格爾提出的論點。

正反合論（thesis-antithesis-synthesis）是誰提的？

　　正論（thesis）、反論（antithesis），以及合論（synthesis）經常被用來解釋德國哲學家黑格爾（Georg Wilhelm Friedrich Hegel, 1770～1831）的辯證法，但是黑格爾從未使用過。相反的，他的三段辯證法如下：

具體抽象絕對

　　黑格爾的辯證法分為三個階段，「正論」「反論」「合論」。這種分法並不是黑格爾自己提出的，最早見於費希特（Johann Gottlieb Fichte, 1762～1814）針對個人和全體之間聯繫關係的一種模擬敘述。

思想一定要統一嗎？

德國哲學家費希特（Johann Gottlieb Fichte, 1762～1814）是第一個將「命題─對立─綜合」公式，並且採用三元論思想來解釋變化。但是，正如這一種辯證公式的經驗證據，「命題─對立─綜合」是基於一種進步的假設，也就是隨著「時間的推移，進步一定會產生」。這是一種螺旋動態（spiral dynamics）的過程，是西方科學中，對於個人、組織，以及社會進化發展的模型。

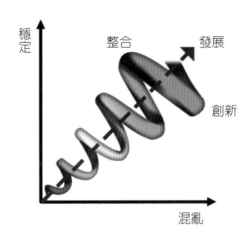

我認為這是一種基於康德、費希特、黑格爾以來的進步思惟。但是，歷史的邏輯，不一定會向上螺旋前進。

西方對於進步思惟，總認為歷史是向上演進，但是東方思惟，確不是這麼認為。

從生老病死、成住壞空，在東方多神教／無神論的眼光中，人生的確像個螺旋式的方向，向前邁進。但是，這個螺旋，不一定是向上，也許會向左，也許會向右，甚至會向下，甚至形成迴圈式的一種循環，也就是輪迴。

東西方的觀念差異，影響到科學發展。孔子在《論語》先進第十一篇曾經說過：「未知生，焉知死？」展現了東方民族的宗教觀，也就是「人生的道理都尚且未能完全了解，又怎能知道死後的事情呢？」樊遲請學稼。孔子說：「吾不如老農。」請學為圃。孔子說：「吾不如老圃。」這同時反映了東方的領導階層論。在古代，農業科學不一定重要，但是仁義道德的論述一定很重要。這是孔子說的。所以中國古代，有「科技論」，而無「科學論」，也沒有「科學觀」。中國古代，對於宗教的探索，也非常淡漠。

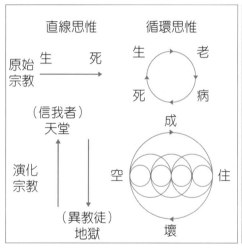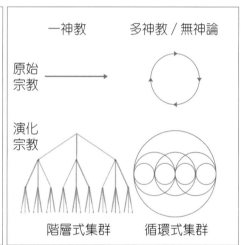

我們剛剛談到哪了？
對，我們談到傅立葉。

基本上，他是個好人。

傅立葉提到了索緒爾的實驗。

索緒爾（Horace-Bénédict de Saussure, 1740～1799）

我在一個箱子中，黏貼滿了黑色軟木，在軟木之間，我放了透明的玻璃，在玻璃與玻璃之間，有隔熱的空氣。

玻璃

木製外箱

絕緣體

內部氣體　黑色軟木

中午的陽光，從透明玻璃的頂部射進去。這個裝置，讓箱子內部的溫度變得更高。

這也算是間接證明吧！

03

三角金字塔模型（Triangular Pyramid Model）

The same being in exteriority, which mediates with itself, and it is this that is interiority. As this mediation defines the space in which the unity.

外部性是相同的，它們相互影響，而這就是內部性。由於這種中介，定義了統一的空間。

——沙特（Jean-Paul Sartre, 1905～1980）／法國哲學家

三角金字塔模型（Triangular Pyramid Model）是我在2020年出版的 *Envisioning Environmental Literacy* 這一本書中所提到的模型。

從個人的角度來看，個人和環境是對立的。

個人自我意識（self-consciousness）稱為內部因素（internal factors），這是費希特所說的自我的存在（own existence），通過了外界體驗，產生了自我感知，是個人基於自身的知識、態度、觀念、思想、情感、價值觀，產生了自身的信念。因此，個人意識歸類為內部因素，包括一個人的人格特質和價值體系。

人類基於自身，和對於自身以外的事物的體驗，產生了意識。這就是一種從內部因素（internal factors）到外部因素（external factors）相互的作用，在三角金字塔模型中，箭頭指示為因素之間的相互作用，並最終指向人類的行為。如果將內部因素歸類為「正論」，而外部因素歸類為對立的「反論」，「綜合論點」則是個人對於外部環境的種種因素，進行了思

惟反應和積極修正之後，產生修正的中介變項（mediator）。在統計學當中，一個擁有中介變項的模型，是為了要確定，並且解釋在獨立變項與因變變項之間的假設變數，這個假設變數，就是中介變項。

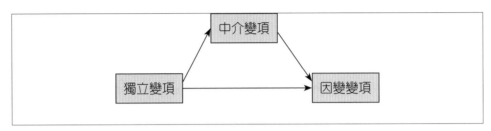

獨立變項可以透過因果關係，影響因變變項。

獨立變項也可以透過因果關係，影響中介變項，再透由中介變項，影響因變變項。

中介變數用來說明獨立變項與因變變項的關係。

超越正反合

　　自我意識從根本上來說，是一種人類對於自我的自覺意識。按照這樣的觀點來說，如果一個人受到環境的刺激產生了感知，進行內省（introspection），他可以透過中介變項（mediator），統合意識，進行最後外展的結果。

什麼是三角金字塔模型？

　　我使用三角金字塔模型的概念。三角金字塔模型是四面體，擁有四個面和四個側面。三角金字塔有六個邊，4個頂點。我定義了3個頂點和1個頂點。

　　我喜歡爬山，在山中起伏。假日我會帶孩子爬臺北市的最高峰七星山。如果我們從小油坑爬到冷水坑，途中會經過七星山主峰。當然，你也

可以從苗圃爬到冷水坑，途中也會經過七星山主峰。這一段路程大概是二個多小時。我會仔細看了一下陽明山植物群的「北降現象」，也就是海拔1000公尺，竟然會出現2000公尺海拔的植物。在這一段的登山過程中，我感覺到潮濕寒冷，還有注意岩壁上的垂直式的濕地，觀察山壁滲水中的小毛氈苔（*Drosera spatulate*）。

　　讓我們像是一隻螞蟻一樣，從三角形的起點1（也就是正論），或是起點2（反論）開始。你將看到金字塔的起點1爬山的路徑，和起點2爬山的路徑，和你的頂點之間，有一種因果關係，我將頂點定義為中介變項（mediator/moderator）。這個中介變項是一種調解的作用。代表「條條大路通羅馬」。也許羅馬就是你要到達的「頂點」。

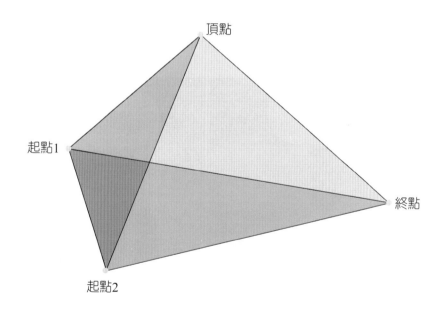

我定義了這一個中介變項，看起來像是一個頂點，但是這個頂點可能是你解決方案的第一個決定，那就是你的「合論」。

林則徐《出老》曾經說過：「山登絕頂我爲峰。」毛澤東《盧山仙人洞照》也曾經說過：「無限風光在險峰。」

但是，山頂不是我們的家。等到欣賞完大自然的風光之後，你必須要下山，這就是人生。

你匍匐前進，你攀登高峰。

人生到達巔峰之後，這只是你的中繼站，不是你的歸途。你需要進一步擴展到最後一點（終點）。人生是不可能永遠雄踞山頂，有上山就有下山。

我談的是東方哲學，而不是西方哲學。人生到達巔峰，要看你如何「華麗轉身」，要原路往返，還是另闢蹊徑。

04
推廣（Outreach）的功用

I've done a lot of work in terms of outreach, but I've done it because it was the right thing to do.

我已經在推廣方面做了很多工作，但是我這樣做是因為這是正確的事情。

—— 沃茨（Julius Caesar Watts Jr., 1957～）／ 前美國國會議員

我是一名環境教育工作者，我在終點，定義上增加了推廣和發展活動（outreach），這一個點，我稱為展點。

想像一下，你帶孩子們去了離家不遠的高聳的岩石山，你可能會看到其他遊客，也經過不同的路線，和你同時到達了同一個頂點。你爬上了上去，看到了解決問題的最佳方法，也就是你爬山的最佳路徑。

也就是說，條條道路通羅馬。你以不同的方式到達同一頂點，你也會尋找一條安全下山的終點。

你可以用網絡路徑的技術，創造簡單、直接，以及效果非凡的研究路徑。

我使用三角金字塔模型（Triangular Pyramid Model）很多年。金字塔的特徵可以遵循正論論點（內部因素、起點1），反論論點（外部因素，起點2），可以通過綜合考慮的解決方案（合論、中介變項、頂點），以及外展點（展論、終點），可以作為拓展議題的實現，也許是後續行為的表現。

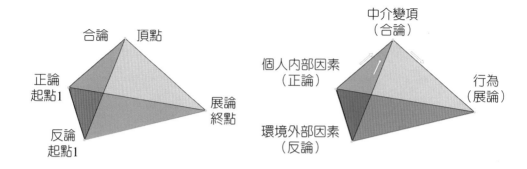

　　三角金字塔模型立意非常深遠。融合了費希特（Johann Gottlieb Fichte）「命題—對立—綜合」公式。但是迴避了西方科學中，人類科學一定會向上攀升的樂觀主義。我們回過頭來說，如果今天不想爬山，我一定要登山嗎？羅馬一定是金字塔的頂峰嗎？我一定要攀登頂峰嗎？我難道不能從起點1，直接到終點？或是從起點2，直接到終點嗎？

　　也許，條條大路通羅馬。羅馬不是頂點，而是終點。

不斷的輪迴

　　記住，當你檢測到各種路徑導致相同的目的地時，你的規劃路徑，同時也導致了相同的目標。當你到達終點，嘗試以相同的方式結束研究工作，但是你的研究工作還沒有結束，因為你有新的工作。

　　如果你有新的起點1，可能是你之前推演到的展論，但是你不滿意。你嘗試將新的觀點表示為新的正論，並且你需要查看其他觀點（對立的論點，或是新起點2），以及通過新的綜合方法，可以想到的解決方案（新合論，或是新的頂點），最後，你達到了新展論，也就是新的終點，可以繼續進行推廣。

　　即使依據論點的強度標準，你從原始模型中提煉出來的新穎模型中，看起來似乎很簡單。但是，自然科學和社會科學的演進，就是依據這

一個金字塔模型。

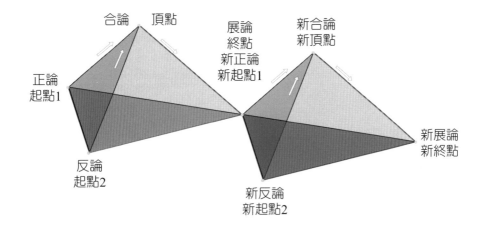

如果你繼續閱讀本章的內容，你會感到非常厭倦，但是你要有耐心。

如果你在撰寫期刊論文，或是碩博士論文中，你需要找到解決方案，這並不容易。

在你的最後的解決方案中，邁向完美的巔峰，需要進行全面驗證，同時包含許多可靠的科學證據。

因為，有些路徑非常難以檢測，因為對於巔峰狀態的全面驗證，必須包括針對每條替代路徑的可靠科學證據，進行檢驗。首先，要從解決方案中，針對最初可行的行路徑開始，進行科學研究。

我來嘗試了幾種設計。

裝一層玻璃嗎？

裝二層玻璃嗎？

三層玻璃來了！
喊燒！

熱騰騰……

我有專利權喲！

食物好香呀！

1767年，索緒爾設計了三層玻璃的盒子，可以捕捉太陽散發出來的熱輻射。當他爬到了瑞士阿爾卑斯山的克拉姆蒙特（Crammont）山頂時，溫度上升到攝氏110°C，當他回到了瑞士庫爾尼爾（Cournier）平原，溫度降到19°C。克拉姆蒙特山頂和庫爾尼爾平原的海拔高度，差距了1478公尺。因此，索緒爾確定了溫室的力量。

克拉姆蒙特山峰海拔高度2,172公尺，該怎麼換算溫度呢？

創新的擴散

Processes which manifest themselves in overt behavior and expression in many variable ways.

以多種可變的方式，表達明顯的行為和表現。

—— 海德（Fritz Heider, 1896～1988）／美國心理學家

羅傑斯（Everett Rogers）在他的《創新的擴散》一書中，描述了這一過程。羅傑斯建議，創新模型的傳播和推廣，將產生新的思想和變化。在我的三角金字塔模型的背景下討論了擴散過程，這個模型包括論文寫作過程的創新研究和開發。這種基於社會科學的模型，用於描述和分析時間序列的過程，並且說明了鼓勵研究的理論構架方面的推廣。

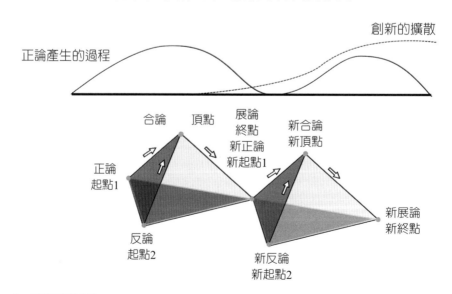

這些因果關係的線，可能是你假設因果關係的隱含線索的手段，以及最終的目的。我在2020年出版的*Envisioning Environmental Literacy*這一本書中所提到的模型的目的，就是要幫助學術研究人員了解如何使用三角金字塔模型的方法，並且展示演示如何使用合成方法，開發更好的解決方案，並且檢測最終的推論。

將金字塔壓扁

　　上一節通過初學者一步一步的分析，為了建立實體模型提供了堅實的理論基礎，以供初學者查找有關實體模型在獨立變項的正論、對立面的反論、綜合面的合論，以及外延面的展論之關鍵點。

　　如果可以將立體的金字塔3D圖，投影到2D平面上，你將看到一個新的模型，這個模型是一種平面類型。

　　平面的實體模型，代表如何在研究中找到獨立變項、中介變項，以及因變變項。我嘗試將實體模型投影到2D平面上，以生成四個關鍵點，以及六條線，這些線都是單一箭頭，可以說是因果關係。

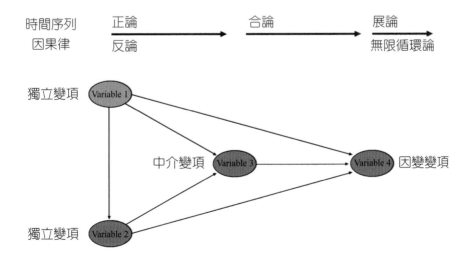

階梯化的過程

階梯化過程是一系列變項的變量圖，這些變量圖顯示了獨立變項和因變變項之間的因果關係。這些因果關係，是康德、費希特、黑格爾的研究理論中的系列檢測方法。

你可能要從實驗室，或是從實驗室出走，到野外找到你的變項。

研究變項

1. 獨立變項（independent variable）

　⑴在研究中實驗者所操弄的變項，也就是你最關心的變項。

　⑵獨立變項又稱為自變項，可以去影響別人的變項。

2. 因變變項（dependent variable）

　因變變項，又稱為依變項，是隨著獨立變項（自變項）的變化，而改變的變項。也就是說，獨立變項影響因變變項。

3. 中介變項（moderator variable）

　⑴中介變項，又稱為調節變項，可以調節獨立變項與因變變項的關係

　⑵中介變項會和獨立變項產生因果關係，因果關係指的是獨立變項影響中介變項，獨立變項影響因變變項的效果，你不能單獨解釋，必須要將中介變項的調節能力，納入考慮。

我是貴族！

06
如何尋找獨立變項、中介變項、因變變項？

We have to eat, sleep, browse, and love; that is, we have to touch the sweetest thing in life, but we must not succumb to these things。

我們不得不飲食、睡眠、瀏覽、戀愛；也就是說，我們不得不接觸生活中最甜蜜的事情，不過我們必須不要沉溺於這些事物。

——居禮夫人（Marie Skłodowska Curie）

　　不管怎麼說，從實驗室出走，我們就是要進到大自然，進行整合性研究。不管是自然科學調查或社會科學調查，都要建立樣區採樣的調查方法。在實驗室，我們稱為抽樣；到了野外，我在《生態旅遊》一書中，稱為採樣。

1. 簡單隨機採樣：簡單隨機採樣是指在調查地圖上抽樣時，不要用個人偏好選擇樣區，而自由抽中樣區進行採樣調查，每一個被抽中樣區的機率都是相等的。

2. 系統採樣：系統採樣是由地理位置進行等距的抽樣，將各抽樣點以相等距離進行排序，然後依據相等的距離或是間隔抽取樣本進行調查。系統採樣的好處是抽出的調查樣區是均勻分布的，而且抽取的樣區代表性比簡單隨機採樣更具地區均勻性。系統採樣的好處是系統幾何均

等，缺點是經常會碰到調查「不可及性」，也就是「到不了」的問題。

3. 分層隨機採樣：分層隨機採樣是將不同的地理屬性特徵，進行分類，例如：依據地理、人口、產業分區，進行不同層次的調查類型區，之後在這些不同的地理類型區中，隨機進行樣區的選擇。分層隨機採樣的特色是因為通過了地理分類，增加了樣區之間的共通性，可以分析分區特性。

4. 群集採樣：群集採樣是將採樣地點分成幾個群集，以群集為採樣單位進行隨機的樣區採樣。

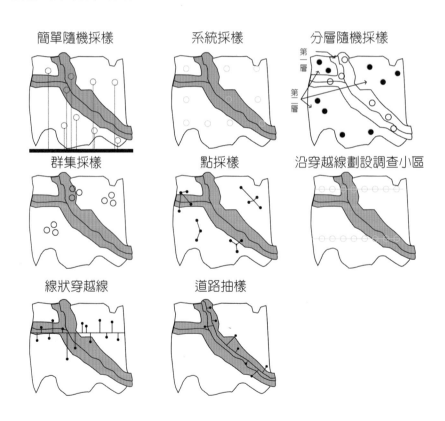

我要怎麼避免調查誤差

抽樣和採樣

在實驗室，我們稱為抽樣；到了野外，我們稱為採樣。真正開始進行社會科學的調查，我們又稱為抽樣。

在自然科學中，田野調查需要調查自然的生態環境；在社會科學中，田野調查要調查人的環境。人的環境，可以用訪談法，可以用發問卷調查。

要進行整合型研究，需要採用自然科學和社會科學的方法，同時要避免研究發生調查數據的誤差。

我們在尋找獨立變項、中介變項、因變變項的途中，需要花很多時間。甚至我們會懷疑獨立變項（independent variable）其實並不獨立，我們甚至會懷疑獨立變項之間的獨立性。因為有可能獨立變項1（variable 1）影響了獨立變項2（variable 2）。

「誰曉得？這是一種很誇張的說法。」「反論中有正論的影響？Who knows？」

數據誤差可以分為樣本誤差和非樣本誤差。

樣本誤差是僅對目標人群進行抽樣而引起的不準確性問題。我們可以通過增加樣本數量，或是改進抽樣設計，來減少這些誤差，並且可以在一定的信賴區間（confidence interval, CI）內，根據可接受的誤差範圍，設置準確性的標準。

除了樣本誤差之外，研究還受到其他各種誤差的影響，這些誤差通常稱為非抽樣誤差。這些誤差因為系統原因，或是隨機原因而產生，這些誤差常常很難偵測的到。

偏誤但是精確
不準確

非抽樣誤差（個人
偏差／偏見）

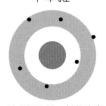

不偏誤但不精確
不準確

抽樣誤差（機率）

不偏誤且精確
準確

社會科學調查的非抽樣誤差

1. 非抽樣隨機誤差

   在數據蒐集和數據處理過程中，發生的不可預測的誤差。例如，調查人員
   數據記錄不正確，受訪者的填答題不正確，或者在處理過程中，某些度量
   的計算不正確，導致結果變異性增加，但是如果調查樣本很大，往往會抵
   消這些誤差。

2. 非抽樣的系統誤差

   系統誤差會在整個樣本中累積，讓結果產生誤差，無法代表母群體。例
   如，調查問卷問題的措辭不當可能會影響填答結果，這些類型的誤差會造
   成最終結果的偏差。而且，與抽樣誤差不同，不能通過增加樣本數量來減
   少由於系統誤差引起的偏差。

公主，
你的髮質，
讓我心醉。

真的嗎……我美嗎？

妳的髮質很好。

借一根使使。

你瘋了嗎？

我打算用來形成濕度計的頭髮，必須很細、柔軟，不能捲曲，顏色淡。但是在我看來，總體來說，金髮比黑髮好。但是最重要的是，頭髮的長度不用超過一英尺，甚至我很少使用這樣的長頭髮。

在18世紀，頭髮濕度計測量空氣的濕度。濕地計和一根被拉直的頭髮一起使用，並且用針頭固定在圓柱體的邊緣，以查看線條。如果頭髮在收縮，則意味著頭髮所在的空氣不是很潮濕。如果被拉長，則空氣的濕度會更高。但是在進行這樣的準備之前，索緒爾認為，必須小心選擇頭髮。

07
處理冗餘資訊（data redundancy）

The method is not the external form. but the soul of data。
方法不是外在的形式，而是資訊的靈魂。

——黑格爾（Georg Wilhelm Friedrich Hegel, 1770～1831）╱德國哲學家

實際上，處理資訊的方法，是計算可用時間和可用資源內的資訊量，並且以樣本遵循母群體數據相同的基礎分布的方式，選擇可用的樣本。

訓練機器學習的主要目的，是學習集群之間的決策邊界（decision surface），或者學習如何輸入數據分布。從統計學上講，對於這些情況，只要總體數據和抽樣數據之間的基礎數據分布不變，學習就將相似。決策邊界（decision surface）是統計分類中的一個曲面，將向量空間劃分為兩個子集合，分別對應兩種不同的分類。

因此，我們需要使用非線性區域的有效分離的核心功能（kernel function），將點位在空間上的相似性（similarity），進行優化的運算。

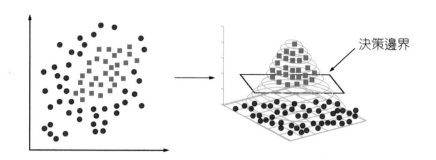

決策邊界

讓我們假設如果要將小正方形和小圓點進行分類，因為是非線性形式，因此無法區分。在現實世界中，這些數據也是分散的，因此無法分離這些數據。所以，我們可以使用決策邊界，在這個平面上可以對小正方形和小圓點進行分類。

其中小正方形為優化算法（optimization algorithm）下的資訊，小圓點則是貪婪搜索（greedy search）下的資訊。

你的調查誤差範圍有多大？

科學家在撰寫報告，會將誤差範圍和結果列出。

假設在接受民意調查的1200名成年人當中，有44%表示支持。假設結果的誤差範圍為正負（+/−）3個百分點（3%）。誤差範圍告訴我們，全國各界表示支持者可能落在41%至47%之間。請記住，誤差範圍越大，調查估計不準確的可能性就越高。

假設以其他方式正確進行了調查，樣本量越大，民意測驗估計值，可能會越準確。隨著樣本數量的增加，誤差範圍會縮小。相反，較小的樣本具有較大的誤差範圍。

對於200個人的可靠樣本，誤差範圍為正負（+/−）7.1%。以4,000人為樣本，這一比例降低為1.6%。許多民意調查所依賴的樣本約為1,200至

1,500人，誤差範圍約爲正負（+/-）3%。

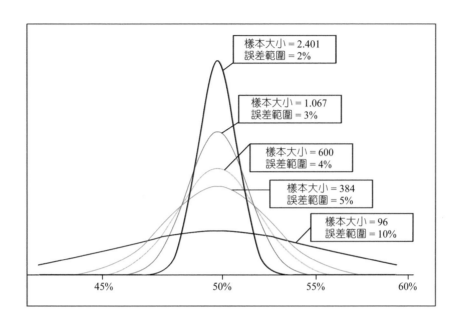

様本大小 = 2.401
誤差範圍 = 2%

様本大小 = 1.067
誤差範圍 = 3%

様本大小 = 600
誤差範圍 = 4%

様本大小 = 384
誤差範圍 = 5%

様本大小 = 96
誤差範圍 = 10%

45%   50%   55%   60%

　　如果全國民意測驗顯示政治候選人A比候選人B領先2個百分點，但誤差範圍爲正負（+/-）3個百分點，則記者應報導，這一點太接近了，無法說明誰領先。由於誤差範圍的原因，你無法推斷趨勢。

　　哥倫比亞新聞學院科學家斯特雷（Jonathan Stray）認爲：「記者應幫助閱聽者了解媒體使用數據的不確定性，尤其是數據是新聞重點的情況之下。」「記者忽略不確定性，這是一個技術問題，也是道德的問題。如果我們要使用數據來寫新聞標題，我們需要正確地進行資訊詮釋。」

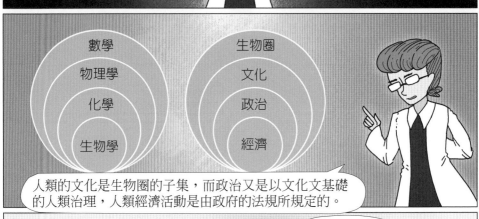

在後工業時代，人類基本上已經征服和控制了生物圈，甚至破壞了生物圈。

全球暖化就是非常好的例子……

其實，在索緒爾簡單的溫室實驗中，證明了產生地球表面人為變暖的能力。例如，一七六〇年代索緒爾的實驗使用了太陽溫度計。

他採用了玻璃板覆蓋在黑盒子中的溫度計。

索緒爾看到了溫室效應。

網絡統合分析（network meta-analysis, NMA）

The absence of evidence is not the evidence of absence.
證據缺乏，不是缺少這些證據。

——薩根（Carl Sagan, 1934～1996）／美國天文學家兼科幻小說作家

統合分析是一種廣爲接受的統計工具，用於綜合從多個隨機對照試驗（RCTs）所獲得的干預措施相對效果的證據。

網絡統合分析用於彙整數據，例如已經發表的相對實驗效果的估計值，但也可以通過進行個別參與者數據（individual participant data, IPD），進行統合分析。使用個別參與者數據（IPD），提高分析的準確性，並且可以提供更爲可靠的結果。

使用參與者數據（IPD）的網絡統合分析（NMA）在評估非隨機干預研究（non-randomized studies of interventions, NRS）的相對處置效果方面，尤其有用。

網絡統合分析的應用，主要限於設計隨機對照試驗（RCT）證據的綜合。但是，當沒有或只有很少的隨機對照試驗（RCT）來回答一個特定的研究問題時，科學家對於開發網絡統合分析，並且納入非隨機干預研究（NRS）的興趣日益濃厚。

但是，如果針對某種研究問題，存在多種競爭性干預措施，並且可用的隨機對照試驗（RCTs），不包括成對比較；在現實世界的實驗研究中，成對統合分析就沒有價值了。在這種情況之下，可以通過進行網絡統合分析（NMA），來綜合來自隨機對照試驗（RCTs）的所有可用證據。

　　在實踐中，可能會有許多競爭性干預措施，並且可用的隨機對照試驗（RCTs）可能無法涵蓋所有成對比較。對於任何實驗比較，可能有直接估計和各種間接估計。在數據可用性如此複雜的情況之下，可以使用網絡統合分析（NMA），來綜合所有證據，並且提供所有可能的最終結果。網絡統合分析（NMA）是一種綜合證據的方法，近年來發表的研究數量迅速增長。

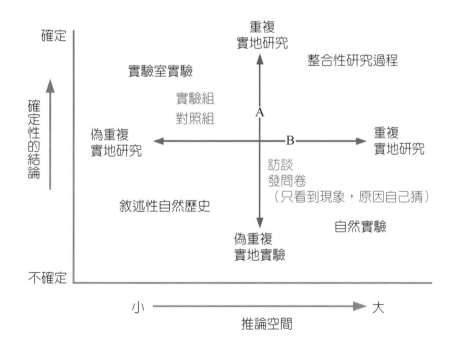

你的研究，不一定是你的研究

在研究進行中，需要用簡單易懂的圖表，闡述自己的研究構想和實驗設計。

一般來說，研究分為基礎研究（basic research）和應用研究（applied research）。在研究中，需要建立檔案（documentation）、發現（discovery），並且進行解釋（interpretation）。我們需要通過知識發展的方法和系統開發，解決研究方法中的認識論（epistemologies）問題。

所謂的認識論，在人文學科、社會科學，以及自然科學之間，都存在著很大的差異。

因此，研究有許多種形式，例如：科學、人文、藝術、經濟、社會、商業、生活，以及技術等。所謂的統合研究（meta research），在於解釋研究的方法，用研究的角度察看研究的意義、目的，以及研究成效。統合研究又稱為後設研究，主要在於提高科學研究的質和量，同時減少研究成本的浪費。這是一種回溯性／事後分析研究設計（retrospective research design）。回溯性／事後分析可以快速估計關連影響。數據採集從過去的紀錄、資料庫，進行訪談蒐集。

統合研究涉及所有研究領域，有點像是站在科學的最高點，鳥瞰整個研究的成果，是主動採取系統性的方式，為了發現、解釋，或是校正事實、事件、行為，或是理論模式，將觀察到的事實、法則，或是理論進行實際的應用。

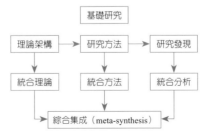

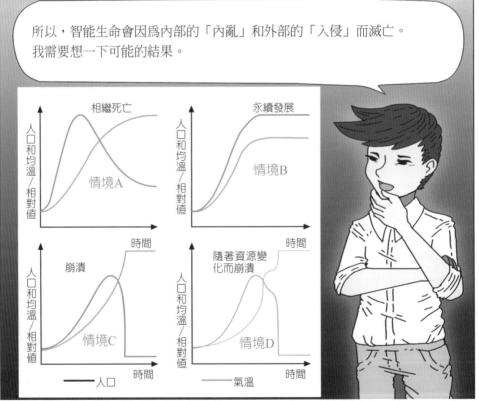

氣候變遷的可能結果（註）：

　　包括智能生命（人類）相繼死亡（情境A）。情境C和情境D超越了臨界點（tipping point），產生社會崩潰，智能生命（人類）滅絕。情境B實現永續發展，並且人口和地表溫度，都慢慢地趨於穩定。

第四章

大自然的實驗室

01

臨界點到了嗎？

Absolute light, as absolute darkness。
絕對的光明，如同絕對的黑暗。

——黑格爾（Georg Wilhelm Friedrich Hegel）／德國哲學家

　　微軟創辦人比爾・蓋茲（Bill Gates, 1955～）卸任以後，時常關注氣候變遷的相關議題，他認為氣候變遷和全球乾淨能源的取得非常重要。美國應該要成立專門的聯邦組織，全力研發乾淨的能源，以使清潔、可靠的能源出現，對抗氣候變遷。

　　他希望從化石燃料（Fossil Fuel）的能源系統，轉變為永續發展的能源系統。蓋茲認為，這將取決於政府增加對基礎研究的資金投入和有風險的私營部門投資，以實現電網儲能（grid energy storage）等領域的創新，促進太陽能和風能的利用。

　　他認為：「每年因為氣候變遷死亡人數，比COVID-19疫情中的死亡人數，還要來得高」。比爾蓋茲接著指出，另外一種威脅，是來自於生物恐怖主義。「要是有人想造成傷害，可能會製造一種病毒，這代表我們遇到這種狀況的機率、處理這種狀況的成本，會比COVID-19疫情還要來得更高。」

　　「為什麼比爾蓋茲會憂心忡忡呢？」

　　從氣候變遷的可能結果來看，包括智能生命（人類）可能會相繼死

亡。在其他情境之下，如果人類超越了臨界點（tipping point），產生了社會崩潰，同時也會造成智能生命（人類）的滅絕。

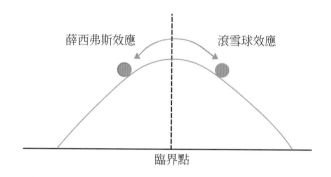

薛西弗斯冷卻（Sisyphus cooling）

朱棣文（Steven Chu, 1948～）在1997年，以原子的雷射冷卻的研究，獲得當年的諾貝爾物理學。朱棣文在1985年發展出以六道雷射光束撞擊原子，並且以捕捉氣體原子的方法，讓原子停止運動，進而冷卻到超低溫的狀態。

朱棣文研究薛西弗斯冷卻（Sisyphus cooling）的物理原理，由於原子在釋放能量的同時，也在吸收能量，朱棣文使用的方法，是利用原子在吸

收或釋放定量的光能時，喪失動能的特性，原子才能夠減速。

在古希臘神話中，薛西弗斯（Sisyphus）被神懲罰，必須將一塊巨石推上山頂，而巨石到達山頂時，又會滾回山腳，這樣永遠的重複下去。

朱棣文以六道雷射光速，打向原子。當高速接近雷射的原子，衝撞過來的時候，原子會吸收一個光子的能量，使原子中最外層一個電子，進入下一個能量級。當這個電子返回原來的能量級時，這部分能量會以光子的方式被釋放。光子的釋放導致原子總體動能減少，緩慢減速。

原子在從一種位階，變化為另一種位階，對外界所作的功，等於後一個位階和前一個位階的差別，稱為位能（potential energy）。原子的狀態向高位能攀升，到達一個更高的能帶（higher band），但是這種狀態不是永久的；原子因為雷射的作用而降溫，吸收了低階頻率的光子，釋放高階頻率的光子，會降低能量，並且完全墜落，回到一個低階位能的狀態。原子振動的週期，總是從一半開始，當原子到達山頂的時候，因為動能不足，會墜落到山谷。這樣，原子將始終向上坡行進，直到動能不足，不足讓他繼續爬坡，整個過程原子降低了能量而逐漸被冷卻，因此速度將逐漸降低。

但是，我們永遠都只能削減運動中原子中粒子的一部分能量，一個擁有零熱量的粒子，在數學上是不可能的。

02
諾貝爾獎得主的呼籲

Ignorance is not free, because of his opposition it is a strange world。
無知者是不自由的，正因和他對立的是一個陌生的世界。

——黑格爾（Georg Wilhelm Friedrich Hegel）／德國哲學家

朱棣文在1997年得到諾貝爾物理學獎。朱棣文認為：「物理是我理解世界的方式」；「讓我可以從一顆原子理解到整個銀河系。」

1997年朱棣文得獎之後，他開始將興趣投入到替代能源。他認為：「引起眾人關注氣候變遷，以科學方法提出解決方案，正是科學家的責任。」

2009年1月21日，朱棣文他接受歐巴馬總統的邀請，擔任美國的能源部部長。朱棣文認為，必須用其他的替代能源，取代現有的化石燃料（Fossil Fuel），來對抗全球暖化。到了2015年，朱棣文在第65屆諾貝爾獎得主會議，和76位諾貝爾獎得主在德國博登湖中的邁瑙島，共同簽署了2015年邁瑙島《氣候變化宣言》。2015年邁瑙島《氣候變化宣言》全文如下。

我們這些簽名科學家，曾經獲得諾貝爾獎，來到了德國南部的康斯坦茨湖畔，和具有前途的年輕研究人員分享了見解，他們與我們一樣來自世界各地。大約六十年前，在邁瑙（Mainau）舉行的一次類似的科學諾貝爾獎得主的聚會，共同發表了聲明，宣布了新發現的核武器技術的危險。到目前為止，儘管威脅仍然存在，我們仍避免了核子戰爭。我們認為，當

今世界面臨著另外一種共存的威脅。

歷代的科學家協助創造了越來越繁盛的世界。這種繁榮是以世界資源迅速損耗為代價的。如果任其發展，我們對於食物、水，以及能源的不斷增長的需求，最終將使地球為了滿足人類需求而不堪重負，並將導致人類大規模的悲劇。研究地球氣候的科學家，已經觀察到人類活動的影響。

為了針對人為引發的氣候變化的可能性，聯合國成立了政府間氣候變化專門委員會（IPCC），向世界各國領導人報告科學知識現狀的提要。雖然這絕非完美的報告，但我們認為，導致當前IPCC第五次評估報告的努力，代表了有關氣候變化知識現狀的最佳資訊來源。我們說的不只是氣候變化領域的專家，而是針對科學家群體而言，他們對於科學過程的完整性和多元性，具有深切的尊重和理解。

儘管在氣候變化的確切程度，仍然存在著不確定性，但最新的IPCC報告中所包含的科學界的結論令人震驚。尤其是在已經確定具有風險的背景：全球平均溫度上升，在高於2°C的環境中，如何維持人類繁榮？該報告得出結論，人為排放的溫室氣體，可能是當前全球地球變暖的原因。根據各種氣候模型所作的預測，除非在未來幾十年內，人為減少溫室氣體排放，否則這種暖化，很可能會在下個世紀將地球溫度提高到工業化前水準的2°C以上。

根據IPCC的評估，世界必須在降低當前和未來的溫室氣體排放量方面，取得快速進展，以最大程度減少氣候變化的重大風險。我們認為，世界各國必須抓住機會，在2015年12月於巴黎舉行的聯合國氣候變遷大會上，採取果斷行動，限制未來的全球排放量。這項工作將需要所有國家的合作，無論是發達國家還是發展中國家，都必須根據最新的科學評估，並且持續到未來。不採取行動，將使子孫後代承受巨大的風險和無法接受的風險。

——德國邁瑙市，2015年7月3日

環宇大學陷入風雪之中

沿途車輛翻覆

整個疫苗站空盪盪

2021年2月16日，是美國最黑暗的日子。

03
你的論斷可靠嗎？

A nation there is a group of people looking at the stars, they have hope。

一個民族有一群仰望星空的人，他們纔有希望。

——黑格爾（Georg Wilhelm Friedrich Hegel）／德國哲學家

這幾年，冬天越來越冷。我記得2016年的冬天，川普還在耍寶：「It's so cold！」

政客嘲笑科學家。但是，氣候變遷就像是荀子《天論》說的：「天行有常，不爲堯存，不爲桀亡」，荀子強調了人力的作用。

氣候暖化，冬天越冷。那是因爲融冰，當融冰整個吹向你的時候，川普當然會說「It's so cold！」

1979年北極開始有衛星數據。我找了1985年北極冰層的資料，我在環境教育教學的時候，給同學看一下1985年1月（Jan 1985）的冰層。當然，我也要給學生看一下2002年的冰層。當年極地渦漩（polar vortex）已經減弱了，冷空氣整個衝到美洲大陸。如果極地渦漩（polar vortex）像是孫悟空頭上的緊箍，那麼，在冬天會控制住北極的寒流，乖乖的呆在北極。

當全球暖化的時候，我們的假設是北極減少的積雪和海冰，讓冰雪可以反射的陽光更少，因此蒸發作用增加。

如果，在北極夏天海冰融解蒸發，大量的水氣進入到大氣層，讓北極海域吸收了更多的熱量。當熱量繼續加熱，極地開始暖化。

　　當極地的空氣越來越溫暖，就要開始蠢蠢欲動。

　　冬天極地的溫度上升，和其他地區的溫差減少，這就像是原來河水不犯井水的草原民族，吃到農耕民族的甜頭，就要開始進犯了。

北極海冰年齡（sea ice during the age）

　　科學家顯示了每一年一月的北極海冰年齡（sea ice during the age）。在1985年1月地圖上，存在了四年或是更長時間的冰（+4年），以白色陰影顯示，而結冰不到一年的海冰（0～1年），則以深灰色的陰影顯示。

極地渦旋（Polar Vortex）來了！

　　極地渦旋（polar vortex）在高空的壓力，原來是緊箍咒，但是咒語被人類的科技破解，於是這些高壓咒語也壓不住了，再也管不住冷流南竄的壓力，冷流南竄像是流寇，像是尋找南方慰藉了冷空氣，長驅直入。

　　更慘的當北方的寒流南下，南方的叛軍投誠，又將較熱的空氣輸送到北極，讓北極寒冰融解，並且將極地空氣，持續輸送到較低的緯度。

　　在北極的冬季，由於對流層溫度升高，向上流動觸發，讓平流層變

暖，讓介於對流層與平流層的中、上部的極地渦旋變弱，甚至使極地渦旋失衡。並將極地空氣輸送到較低的緯度。亞洲北部、歐洲北部，以及北美的大部分地區，都會發生降溫現象。

於是，政治人物說，我們的多天越來越冷，但是科學家卻發現全球的平均溫度逐年升高。

「在美國，氣候變遷一直是具爭議的環境議題，有一定比例人口並不相信氣候正在變遷。因此學校教育中，氣候變遷教育的教導方式和內容，有許多討論空間。在臺灣，氣候變遷教育也類似環境價值教育，氣候正在變遷這件事，幾乎未受到質疑或爭辯。」

你要相信誰？是政客的語言，還是科學的數據？

1985年1月　　　　　　　　　　　　　2002年1月

2008年1月

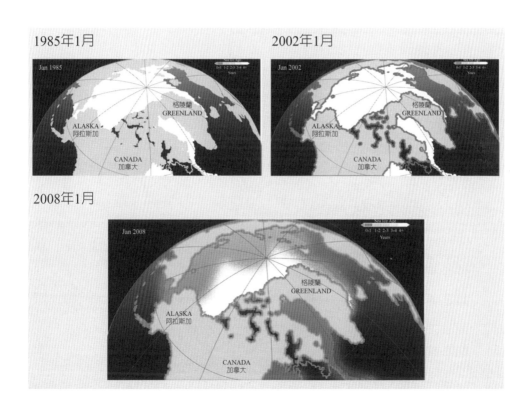

04

冬天氣溫很冷嗎？

We have learned lessons from history is that, not to have learned from history。

我們從歷史中學到的教訓就是，沒有從歷史中學到教訓。

—— 黑格爾（Georg Wilhelm Friedrich Hegel）/ 德國哲學家

氣候變化又讓熱空氣和暖海水湧入北極，特別是北大西洋暖流。如今氣候暖化，高空急流（jet stream）漸漸失去功能。因此，北極圈的超冷氣團，沒有高空急流阻擋，所以可以繼續南侵。2014年抵愛荷華州，美國在2019年1月29日至31日期間，氣溫下探攝氏零下53度。2021年北極圈的超冷氣團，抵達德州南方的休士頓。

高空急流（jet stream）

正常情況下，全美從西雅圖到紐約，有一種高空急流（jet stream）會擋著北極震盪南下，高空急流將北極嚴寒氣候圍住在北極圈。

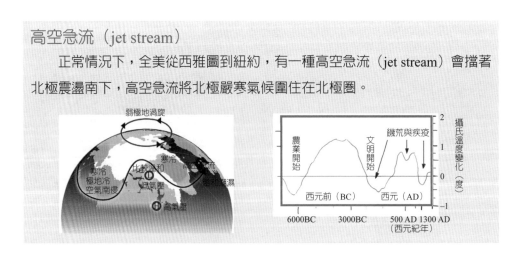

川普在2017年當選美國總統之後，簽署行政命令，推翻歐巴馬的氣候變化政策，改善煤礦工人就業，但是我們可能以再生能源或是碳捕捉（carbon capture）的方式，拯救我們的地球嗎？

「我們的嬰兒世代，會是人類最後的一代嗎？」

「事實真相」（factual fact），真的是因地而異。新加坡和馬來西亞，因為地處熱帶，沒有颱風也沒有地震，如果讓新加坡和馬來西亞的小學生談論熱帶氣旋所帶來的災害和毀滅性的地震，就像是讓臺灣的小學生談論零下53度的冰風暴，一樣地難以捉摸而遙遠。我不是說，新加坡和馬來西亞的學生沒有颱風和地震的觀念，只是大多數的新加坡人和馬來西亞人，沒有歷經氣候變遷所帶來的災害體驗。我在課堂上曾經問我的馬來西亞學生，我想體驗一下不一樣的答案。我問：「氣候變化在馬來西亞是否是個議題？」他反問我：「老師，過去也有非常熱的氣候。」我說：「那當然，那要依據你從什麼時候看的時間而定」。

我告訴同學，中國北方黃河流域在7000年前溫度，比現在高約攝氏3度，雨量比現在還多，當時中國北方還產出了水稻，甚至挖出了熱帶地區才有的大象、犀牛骸骨。春秋時期西漢末年也很溫暖，《詩經》、《左傳》中提到黃河流域有竹子生長。

二氧化碳真的會作怪嗎？

這是一個困難的主題：長期以來，人們一直為有利的猜測而歡呼雀躍，但由於很少有人能夠將事實與幻想區分開來，因此，遭受了很大的困難。

...difficult subject: by long tradition the happy hunting ground for robust speculation, it suffers because so few can separate fact from fancy.

——卡倫達（G.S. Callendar）

什麼因素決定了氣候？科學家的解釋，是基於氣候模型。

但是這些氣候模型建立在基本物理學的基礎上，透過方程式的撰寫的穩定系統，並且自然回饋產生自我調節。

第一位探討大氣中的熱平衡，是法國數學家傅立葉的論文（Joseph Fourier, 1768～1830）。

他在1824年法文版的《化學與物理年鑑》（Annales de Chimie et Physique）進行說明，論文並且在1827年再版，並且翻譯成英文。傅立葉的論文，討論控制大氣、地表，以及地球內部的熱平衡。

十九世紀愛爾蘭物理學家丁達爾（John Tyndall, 1822～1893）從1859年發表了氣體吸收熱量的問題。他認為，大氣吸收水蒸氣和二氧化碳等氣體，產生了熱量。丁達爾閱讀了梅洛尼（Macedonio Melloni, 1798～1854）在1850年左右關於液體和固體吸收熱量的作品，並且經常與朋友們討論這個問題。

作為物理學家，丁達爾認為大陽輻射和地表吸收，還有一段物質的物理組成，以及化學的分子變化，這些現象和過程，大家都不是很清楚。

實驗室中的空氣樣本吸收的熱量非常小。丁達爾認為，到目前為止，還沒有人能夠證明有任何吸收。丁達爾使用實驗技術，發明了光譜儀，用於檢測樣品中所含少量氣體對於熱量的吸收，並且向英國皇家學會宣布了自己的研究結果，然後在皇家學會發表演講。丁達爾的實驗中，展示了許多氣體吸收熱量的能力，他在英國皇家學會報告中，得出了結論：「大氣層讓太陽熱量進入，結果發現在地球表面積聚了熱量」。丁達爾解釋了現在我們所說的溫室效應的物理基礎。

05
二氧化碳和水蒸氣吸收了熱量

The only way to do great work is to love what you do. If you haven't found it yet, keep looking. Don't settle.

成就的唯一途徑是熱愛自己的事業，如果你還沒找到的話，繼續尋找，不要屈就。

——賈伯斯（Steve Jobs, 1955～2011）

丁達爾以為他是第一位發現「二氧化碳和水蒸氣對熱量的吸收」的科學家。但是，他比美國女性科學家富特（Eunice Foote）的發現晚了三年。

熱量融化了冰

丁達爾（John Tyndall, 1822～1893）在山上研究冰川的運動。首先他先採集了冰中的氣泡，並且研究熱量在冰中的傳導。他對太陽輻射感到興趣，將注意力轉移到了大氣層，研究大氣層與太陽輻射和於地表輻射之間的相互關係。他在1859年表示：「這主要的影響是水蒸氣的作用，水蒸氣的變化引起天氣的變化。類似的說法也適用於在空氣中擴散的二氧化碳。」

丁達爾認為，改變大氣中二氧化碳的比例，會改變大氣平均溫度。

地表雲層會吸收太陽發射的可見光和輻射，再以紅外線的形式，發射

到大氣層中。大氣中的特定物質，例如雲中的水滴和水蒸氣，還有二氧化碳、甲烷、一氧化氮、六氟化硫，以及氟氯碳化物等，會吸收紅外線，再發射回地球。地表的溫室效應，可以提高大氣層及地表的溫度。

1856年，《科學美國人》刊登了富特（Eunice Newton Foote, 1819～1888）對氣體的溫度實驗，她的發現是二氧化碳引起了的暖化作用。

富特的實驗

富特進行了一系列實驗，證明了太陽輻射在不同氣體上的相互作用。她使用了一個氣泵，四個水銀溫度計，以及兩個玻璃瓶。她首先在每個鋼瓶中放置兩個溫度計，然後使用氣泵從一個鋼瓶中抽出空氣，然後在另一個鋼瓶中進行壓縮。她讓兩個鋼瓶都達到相同的溫度，將鋼瓶放在陽光下曝曬加熱之後，氣體在不同濕度條件之下的溫度變化。

在她測試的氣體當中，富特得出的結論是二氧化碳（CO_2）捕捉的熱量最高，達到52°C（125°F）的溫度。

她從這項實驗中說：「裝有二氧化碳（CO_2）氣體的接收器，本身變得很熱。很明顯地比另一種熱得多。將陽光移走之後，冷卻時間是原來的許多倍。」

富特認為：「在地球歷史上，這種氣體的大氣，會給我們的地球帶來高溫；並且，如果有人認為，在其歷史的某一時期，空氣中混合的空氣比現在要大，那麼，必然由於自身作用以及重量增加，而導致溫度升高。」

二氧化碳的辯證

1896年，瑞典化學家阿瑞尼斯（Svante Arrhenius, 1859～1927）估計出二氧化碳的實際變暖作用。當時科學家們曾經討論過燃燒煤炭產生二氧化碳，對於氣候的影響，但是大多數的科學家對這一種論點嗤之以鼻。

阿瑞尼斯在1896年首先使用物理化學的基本原理，計算大氣中二氧化碳（CO_2）的增加，通過溫室效應增加地球表面溫度的程度。這些計算讓他得出結論：「化石燃料燃燒過程中產生的CO_2排放量如果足夠大，足以引起全球暖化。」

但是，瑞典皇家科學院院士埃格斯特朗（Knut Ångström, 1857～1910）認為，二氧化碳不可能產生這種作用。埃格斯特朗於1900年發表了紅外線吸收光譜，並發表了實驗結果，他認為大氣中的氣體吸收了紅外輻射已經飽和，因此埃格斯特朗從實驗得出結論：「在任何情況之下，二氧化碳都不應吸收超過16%的地表輻射，並且吸收量在數值中的變化幅度很小。」

阿瑞尼斯在1901年強烈回應埃格斯特朗：「地球表面的溫度取決於周圍大氣的性質，特別是大氣對於熱輻射進入地球的制約。」

阿瑞尼斯又說：「大約1800年，法國偉大的物理學家傅立葉提出了限制大氣層的作用，限制了地球的熱量散失。此後，丁達爾進一步提出了他的觀點。他們的理論被稱為溫室理論，因為他們認為大氣像是溫室的玻璃一樣。」「如果空氣中的碳酸（$CO_2 + H_2O \rightarrow H_2CO_3$）量下降到當前百分比的一半，那麼溫度將下降約4度。」

阿瑞尼斯的研究

阿瑞尼斯從化學的角度理解了電的傳導，獲得了1903年的諾貝爾化學獎。他的博士論文被指導教授鄙視。阿瑞尼斯的理論受到忽視。因為化學家不會將之視為化學，而物理學家也不會視為物理。通過阿瑞尼斯的電化學理論，他建立了一個新的研究領域「物理化學」，他將兩種科學的現象進行重疊。

阿瑞尼斯的原始規則如下：

如果碳酸的量以幾何級數增加，則溫度的增加將以算術級數增加。

06

「卡倫達爾效應」和「基林曲線」

The only thing we have to fear is fear itself.
唯一需要我們恐懼的就是恐懼本身。

——羅斯福（Franklin Roosevelt, 1882～1945）

卡倫達爾效應（Callendar Effect）是卡倫達爾（Guy Stewart Callendar, 1898～1964）的重大發現。他認為人類活動，主要是通過燃燒化石燃料，引起大氣中二氧化碳濃度的增加，而引起的氣候變化。

1938年卡倫達爾彙整了十九世紀以來的溫度測量值，將這些測量值與大氣CO_2濃度的測量值進行分析。他的結論是，全球陸地溫度一直在上升，並提出這一上升可以解釋為受到二氧化碳增加的影響。卡倫達爾評估了地球增溫2°C時的氣候敏感值，這個數值是政府間氣候變化專門委員會（IPCC）最保守的估計。當時，他的發現遭到了懷疑。例如，當時的英國氣象學會（Royal Meteorological Society）辛普森爵士（Sir George Simpson）質疑他的研究結果，認為一定是巧合。

基林（Charles Keeling, 1928～2005）於1958年在海拔3,000公尺的夏威夷島莫納羅亞（Mauna Loa）天文台開始進行測量，他畫出了基林曲線。基林曲線是地球大氣中二氧化碳積累的圖表。基林曲線是地球對流層中層二氧化碳全球趨勢的可靠指標。基林認為，大氣中的二氧化碳濃度從

1958年的315ppm（百萬分之一）增加到2005年的380（ppm），增加幅度和化石燃料的排放有關。

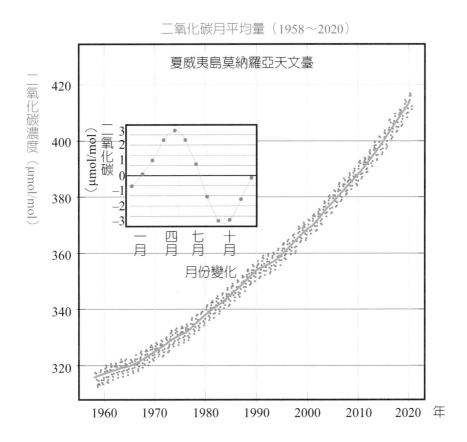

二氧化碳月平均量（1958〜2020）

春夏之交，為什麼二氧化碳濃度逐漸會減少？

基林認為，地球上二氧化碳（CO_2）濃度存在強烈的季節性變化，北半球冬天到了十月為最低。每年春夏之交，由於北半球植物的生長面積增加，因為植物生長吸收了二氧化碳，二氧化碳的排放量隨之逐漸減少。

地球自我調節了嗎？

二十世紀上半葉，科學家對於未來全球變暖的想法，普遍持反對意見。

那就是地球表面上只有一小部分的二氧化碳在空氣中。二氧化碳與大氣中的氣體保持平衡，更多的二氧化碳被鎖定在海水之中。海洋將吸收大氣中的任何過量物質，或是進行蒸發，以彌補任何缺陷。

如果海洋因某種原因未能使系統穩定，那麼就會有另一個大量的碳儲藏在有機物質中，例如森林和泥炭沼澤。這似乎也可能提供科學家所宣稱的穩態調節機制。因為如果有更多的二氧化碳進入了大氣，讓植物吸收，或是在土壤中將過量的碳鎖定，進行有機儲層。

從一九五〇年代開始，科學家試圖用碳通量的基本方程式，構築了代表海洋、空氣、植被中總碳量的原始模型。科學家相信自然界傾向於自動補償的平衡變化。如果氣候曾經趨向極端，將恢復到正常的狀態。

科學家們提出了合理的調節機制，這些作用相互反饋。但是，這些浪漫的觀點認為，地球保持穩定和平衡，是由於超自然的人類的仁慈力量所保證的。但是，地球的環境，真正保證人類文明可以永續發展嗎？

科學家討論了氣候科學中社會結構的複雜性和穩定性問題。其中地球氣候系統的回饋系統就相當複雜，包含了人類排放二氧化碳，可能影響的北極冰帽、全球陸地植被、大氣塵埃，都產生了不可逆轉的變化。

美國環保署氣候保護夥伴關係處處長芯德（Carolyn W. Snyder）在2016年《自然》和2019年《氣候變遷》發表了文章。她說：「如果以大氣二氧化碳濃度穩定在當前水準的情況下，未來也將變暖攝氏5度。」

伴隨著智人出現，地球13萬年前處於高溫期，之後逐年下降，進入到小冰期，直到1950年之後，全球溫度才不斷地上升，而且上升幅度極大。

芯德是一位年輕的女性科學家，畢業於史丹佛大學環境資源博士，她的博士論文做到氣候重建，她說：「200萬年到120萬年前，全球都在持續降低地表溫度」。「後來溫度穩定下來，以二氧化碳濃度的規律來看，當二氧化碳濃度上升，氣溫上升。」

芯德的計算

芯德認為，人類發展影響了平衡氣候，造成了氣候的敏感性。因此，植被變化、冰帽溶解、海平面上升、空氣中的粉塵，以及溫室氣體變化引起的任何氣候驅動力 ΔR，都會影響地表的溫度。

$$\lambda(\Delta R - \Delta Q) \sim \Delta T$$

$$\lambda = \frac{\Delta T}{\Delta R | \Delta Q}$$

ΔR = 氣候驅動力（climate forcing）

ΔQ = 能量失衡（energy imbalance）

ΔT = 溫度變化（temperature change）

笨夸克，我發誓，我沒有忽視這些證據。

突然覺得電燈忽明忽暗

我找到證據了。

北極融冰

北極熊沒有了家

07

含氧量減少了嗎？

If you can't fly, then run; if you can't run, then walk; if you can't walk, then crawl; but whatever you do, you have to keep moving forward.

不能飛就用跑的，不能跑就用走的，不能走就用爬的，但不管你做什麼，你必須持續往前。

——馬丁‧路德（Martin Luther King, 1929～1968）

耶魯大學的伯納（Robert Berner）透過化學分析化石琥珀中的氣泡，研究了史前時期的氧氣含量，發現在10,000年前，空氣中的含氧量更高。

那麼，過去氧氣到底有多高呢？

從地球史的時間尺度來看，地球上氧氣含量的比例變化非常大。

45億年前，地球剛誕生的時候沒有氧氣。24億年前只有1～3%的氧氣含量，7億年前為10%，2億8千萬年前地球上氧氣含量高達35%，後來2億5千萬年前氧氣濃度下降到11%，發生了生物大滅絕。之後氧氣濃度逐漸上升，逐漸到達21%。

人類經過了長期的演化過程，已經適應了目前空氣中21%左右的氧氣含量，但是如果大氣中的氧氣含量提高到35%，對於人類會產生哪些影響呢？

古生物學家發現了一種巨脈蜻蜓（*Meganeura monyi*），生活在2億7千5百萬年前。巨脈蜻蜓非常巨大，體型和小型的老鷹相仿，現代蜻蜓的翅膀，只有巨脈蜻蜓翅膀的六分之一。科學家發現，當時的氧氣濃度，高達31%。

氧氣的含量和昆蟲的體型有關嗎？

科學家發現，因爲昆蟲沒有肺，靠著體表的氣孔呼吸，空氣進入氣孔之後，會經過氣管，將氧氣輸送到體內的細胞。

因爲空氣中的高含氧量，讓昆蟲成長到龐大的尺寸。中西大學古生物學家凡德布盧克斯（John Vandenbrooks）凡德布盧克斯是耶魯大學博士，他用低含氧量的環境飼養蟑螂，氧氣量爲12%，又用31%氧氣量，飼養另外一批蟑螂，結果體型變大了。他認爲氧氣含量對於昆蟲生理產生了影響。

你要用什麼研究方法？

我們使用實驗性研究設計（experimental research design），經過實驗組和對照組的比較之後，去除其他干擾的變項，以求得最佳解。從這個研究看來，這是一種橫斷性研究設計（cross-sectional research design）。橫斷性研究設計，可以在同一時間點從許多不同的人或物中，蒐集數據。

在橫斷面研究中，可以觀察變量，而不影響變量。

在生態學、經濟學、心理學、醫學，以及其他社會科學領域的研究人員，都在研究中採用了橫斷面研究。例如，針對某一種人群／物種進行分析，以蒐集相關數據，進行歸納。

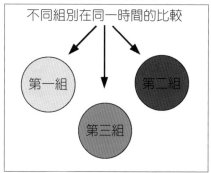

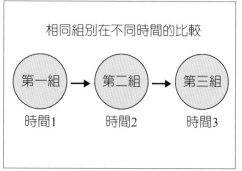

但是，科學家並不滿意橫斷性（cross-section）的研究設計，開始運用縱貫性研究（longitudinal studies）設計。政治學者盧梅爾（Rudolph Rummel, 1932〜2014）曾經說：

　　「研究人員不應接受任何一項或兩項測試作為確定性測試。只有當一系列測試在多種數據上保持一致時，研究人員和方法才能對結果充滿信心。」

　　橫斷面研究在同一時間點從多個主題蒐集數據，而縱貫性研究，則隨著時間的推移反復從同一主題蒐集數據，通常著重於共同特徵關係的一小群人或物。

　　以上兩種類型，都有助於回答不同類型的研究課題。橫斷性研究是一種搜集初始數據，並且確定相關性（correlations）的簡捷的方法，然後我們可以在縱貫性研究中對其進行進一步研究，甚至可以推導的未來的模式，產生了前瞻性的研究設計。

　　如果你想研究氧氣含量對於昆蟲體型的影響。首先，你對一組昆蟲進行橫斷性研究，以了解昆蟲體型是否存在差異。你發現了，昆蟲體型與氧氣含量、成長地區，以及掠食者相關。

　　然後，你決定設計一個縱貫性研究，以進一步檢查同一種昆蟲和地球歷史中氧氣含量和體型大小的關連性。如果不先進行橫斷面研究，我們就不會特別關注這一種關係。

08

地球歷史的檢驗

An unexamined life is not worth living.
未受檢驗的生活不值得過。

——蘇格拉底（Socrates）／古希臘哲學家

空氣中的氧氣來源，主要來自於植物的光合作用。

光合作用為葉綠體利用太陽能，將二氧化碳和水合成有機物，並且釋放出氧氣。

據估計，每10平方公尺的森林綠地，每天產生將近一公斤氧氣，可以提供成年人一天的氧氣需要。但是，地球因為工業化，以每年遞增5%的速度燃燒著化石燃料，每燃燒1公噸化石燃料，就會耗費近3公噸氧氣。

史前時期大氣中的氧氣含量高達35%，如今降為21%；在人口稠密的城市中心，氧氣含量更低。

科學家對於過去大氣中氧氣濃度的重建，依賴沉積物中的木炭豐度，或是古代沉積碳的同位素組成進行分析。

在過去的80萬年，大氣中的氧氣含量減少了大約0.7%。科學家採取冰芯中氧氣的同位素（isotopic composition）濃度，研究當前和過去的氧氣循環。加州大學柏克萊分校的斯托珀（Daniel Stolper）紀錄過去80萬年來大氣中的氧氣濃度。他檢測了格陵蘭島和南極洲冰層裡的古代氣泡，透過史前氣泡中氧／氮比，計算出過去大氣中的氧氣含量。除了過去的150

年以外，其實二氧化碳的含量沒什麼變化。

他發現氧氣濃度下降，這個記錄和全球侵蝕率（global erosion rates）增加，或是全球溫度下降（declining global temperatures）影響有關。斯托珀說：「首先假設全球侵蝕速率有所增加，在過去幾千萬年間，冰川的增長和冰川磨蝕，都會增加侵蝕率。」

他認為大氣、海洋，以及地表之間有一種重要的回饋作用，這些反饋作用可以調節百萬年的碳和氧氣循環的時間尺度。

暖化有什麼關係？

美國環保署氣候保護夥伴關係處處長芯德形容的溫度比現在高5度，看起來，也沒啥大不了。但是，科學家就緊張了。我算過臺灣的氣溫增溫，一百年來，臺北增溫2度，臺中增溫2.4度。比全球一百年來的平均增溫還要高，近年來隨著全球暖化現象，臺灣小島災害頻傳。

海平面上升，將造成沿海城市的危機，甚至缺水導致水的戰爭，似乎和美國人無關。所以談到氣候變遷，臺灣好像沒有像美國那麼多的爭論。因為臺灣的氣候變遷效應，已經產生了對於地表極大的傷害。

那麼，我們談到居住在大陸國家的居民吧！大陸國家的居民在氣候變遷中，總是顯得反應不過來，不像是小島型國家，對於氣候變遷所造成的情況比較敏感。

當然，歷經2008、2016，以及2021年在亞洲大陸的寒害，我也曾經懷疑過氣候是否波動，而不是暖化；但是經過調查一百年以來的臺灣氣候變化，各大都市氣溫一直在上升；唯一臺灣地表氣溫沒有變化的，就是桃園埤塘地區和日月潭。

如果海平面上升

如果氣溫升高，大陸冰川溶解導致海平面上升，二十一世紀末，從臺北盆地中的社子島到關渡（海拔1公尺～2.5公尺），以及到臺灣的西南沿海地區，沿海土地都會浸在水下，應該盡早建立防洪機制。例如建立防災共同體，沿著淡水河岸下游地形到西南沿海地區，我認為建築造形應該形成高腳屋的造型，底下洪水通過的河川蜿蜒流過屋腳，類似荷蘭羊角村，以荷蘭或是美國北卡洛蘭納州的外灘（Outer Banks）為典範。

未來城市將產生「我家門前有小河」的情境，所以我們要興建類似高腳住屋或是船屋的建築典範，以為未來預警。

2021年2月22日，大學董事會在視訊會議之後，傑克・莫思因（Dr. Jack Mersin）卸任全球暖化研究所所長職位，董事會決議研究所改組。

這一群白癡董事。

經費都是我們掙來的，你們董事會成員只會坐享其成。

德州寒流和氣候變遷「絕對有關」！

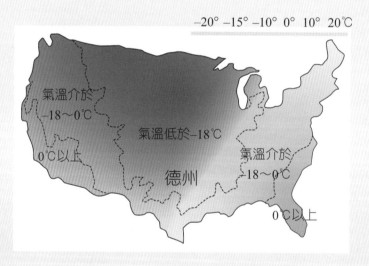

−20° −15° −10° 0° 10° 20℃

氣溫介於
−18～0℃

氣溫低於−18℃

0℃以上

德州

氣溫介於
−18～0℃

0℃以上

　　北極上空平流層的空氣在2021年1月之後，突然變暖，引發大氣連鎖反應。冰冷
空氣鎖在北極上空的極地渦旋減弱，讓冷空氣逸出到溫帶的亞洲、歐洲和北美洲，
2021年2月14日，美國變成一個超級大冰箱。

PART 2

戰國策

Hey, buddy, I said, hey, man I said, there is no sense of how that may exist。

嘿，哥們，我說，嘿，哥們，我說，沒有意義的，怎麼可能存在。

——黑格爾（Georg Wilhelm Friedrich Hegel, 1770-1831）／德國哲學家

第五章

西方邏輯

研究的過程

It wouldn't be much of a universe if it wasn't home to the people you love.

如果這個宇宙裡沒有你所愛的人，那還算什麼宇宙！

——霍金（Stephen William Hawking, 1942～2018）／英國理論物理學家

在這一本漫畫書中，在研究的方法論（methodologies），我們談到了調查方法和實驗方法，依據了調查方法（survey methods）的形式，探討了橫斷性研究設計（cross-sectional research design）、縱貫性/前瞻性研究設計（longitudinal / prospective research design），以及回溯性/事後分析研究設計（retrospective research design）。

不管是自然科學，還是社會科學的研究設計，通常，我們都是依據一定西方的邏輯過程進行。追隨愛因斯坦的物理學家哥德爾（Kurt Friedrich Gödel, 1906～1978）曾經說過：

「有些事實被認知為真，但不必然可證。」

哥德爾「不完備定理」表示，有些事情就是會出現在演算法之外，你明知為真，但是卻無法證明。

我們必須努力思考這句話，因為這和我們所學，差別太大。因為哥德爾認為：「如果宇宙不允許回到過去，這個宇宙恐怕連存在的機會都沒有。」愛因斯坦說：「我的直覺強烈反對這種事。」

愛因斯坦依循的是一種邏輯觀。

通常，研究被理解爲遵循一定的結構過程。儘管步驟的順序可能會因主題和研究人員的不同而有所差異，但以下步驟通常是大多數正式研究的一部分，包括基礎研究和應用研究。

1. 觀察和主題形成：你要選擇一個你感到興趣的主題，並且依據這個主題進行研究。我會建議你對所選主題領域有濃厚興趣。你必須說明研究的重要性，並且將這個主題的現有知識進行聯繫，並且證明你的研究的合理性。

2. 假說：假說是一種可以檢驗的預測，假說指的是兩種或多種變量之間的關係。

3. 概念型定義：通過將一種概念，以及其他概念進行關聯分析。

4. 操作型定義：定義變量。你如何在研究中進行測量，並且評估的方式。

5. 數據蒐集：包括選擇樣本，並且使用特定的研究工具，蒐集樣本。數據蒐集的工具，必須有效而且可靠。

6. 數據分析：通過分析數據資訊，以得到有關資訊的結論。

7. 數據解釋：通過表格、圖形，以及圖片表示，然後用文字描述。

8. 測試假說的修改。

9. 結論。

科學的因果

研究中，常見的誤解是將錯誤的假說，得到證明。

通常，假說用於做出可以通過觀察實驗結果，進行檢驗的一種預測。

如果結果與假說不一致，則拒絕這一種假說。

這就是一種可證僞性（falsifiability）。

但是，如果結果與假說相符，則說明這個實驗支持假說。科學家經常採用很謹慎的語言，是因爲科學家認知到替代假說（alternative hypothesis）也可能和觀察的結果一致。

從上面這一種意義上來說，一種假說將永遠無法得到證明，而只能通過倖存的科學測試來支持，最終被學界廣泛認爲是正確的。

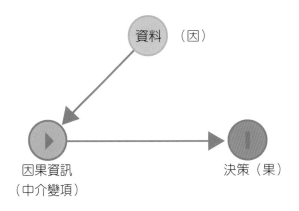

資料　（因）

因果資訊
（中介變項）

決策（果）

因此，一種有用的假說是允許隨時進行預測，並且在一定時間觀察的準確性之內，對於預測進行驗證。

觀察的準確性，隨著時間的流逝，而逐漸提高。但是，原來的假說竟然不靈了，也無法再提供準確的預測。在這種情況之下，你將提出一種新的假說，來挑戰舊有的假說。

在某種程度上，新的假說比舊有的假說，如果產生出更準確的預測，新的假說將取代舊有的假說。中文的「因果」（karma）跟英文的因果，效果還是差很多。英文的「因果」（causality）是科學的因果，就是論述前因後果的成因溯源。

假說因果關係的存在考量，需要考慮兩種原則：

1. 如果結果在幾近確定的可能性時發生，則假說因果關係的存在，可以影響決策關聯性的判斷。
2. 如果所謂幾近確定可能性的判斷有疑問的時候，應該依據對於有利證據的方向進行解釋。

也就是說，我們需要將因果關係的判斷，定義為在本體論的事實檢驗，應用於決策結果的概念之時，假說因果關係的存在，則成為歸責判斷的重要參數。

02
溯因推理方法（Abductive Reasoning）

History taught us is that people never know learn the lessons of history。

歷史給我們的教訓是，人們從來都不知道汲取歷史的教訓。

——黑格爾（Georg Wilhelm Friedrich Hegel）／德國哲學家

　　溯因推理法也稱作反繹推理、反向推理。在研究方法中，除了歸納方法、演繹方法，還有第三種方法，也就是「溯因推理方法」。

　　合理答案發展的最為權宜的形式，是歸納方法。歸納法將推論的風險，引入知識開發過程的本體論架構之中。歸納方法帶來了我們只有準備一個答案的風險。歸納方法是一再地重複進行試驗，以驗證假說。

　　最科學的形式，是演繹方法。演繹推理（deductive reasoning）是指以一種客觀的理論為依據，從已知的知識，推斷未知知識的方法。因為一個科學家不能害怕科學的發現是錯誤的。錯誤是一種科學性發展。科學家是懷疑論者。懷疑論者是在正確的時間中，提出正確的問題，並且能夠推論所產生的答案是不是正確。在演繹推論中，如果推論出的前提是真實的，那麼推論的必然性，是正確的。

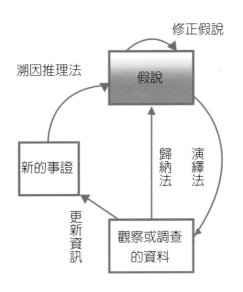

修正假說

溯因推理法

假說

新的事證

歸納法　演繹法

更新資訊

觀察或調查的資料

　　然而，歸納方法和演繹方法只能考慮到單一現象的因和果，無法應負更複雜的現象。

　　「溯因推理方法」考慮到新的事證，進行事實的佐證，並且推導出最佳解釋的推理過程，用來表達「解釋結論」。氣候科學的討論，包含了一系列的推論。

相關不代表因果（Correlation does not imply causation）

　　相關不代表因果，是科學上強調的觀念。如果兩個事物（變量）有明顯的相關時，兩者之間不一定有因果關係。

　　因為統計學概論談論的是關係（correlation），但是統計學者費雪（Sir Ronald Aylmer Fisher, 1890～1962）和皮爾森（Karl Pearson, 1857～1936）非常討厭因果論點，所以在一九二〇年代，因果的研究幾乎都消失了。

　　原因總是先於效果。從物理學的觀點來說，觀察者如果可以看到結

果，先於原因，這就是違反了因果律的假定。

　　美國遺傳學者萊特（Sewall Wright, 1889～1988）本來要進行因果關係研究。後來他進入哈佛大學，準備要進行結構方程式的分析。但是，所有英國學者，包括了費雪和皮爾森，都駁斥他所發展的結構方程模型，後來這個模型就無疾而終了。

　　人類發展科學，有一種悲劇。因為英國的統計學者費雪和皮爾森基本上相信關係（correlation），而不相信因果（causation）。

　　只要是統計專家說話了，你的論點，就只有無疾而終。

　　統計學在二十世紀，幾乎就是費雪和皮爾森的天下了。

　　圖靈獎得主貝氏網路的發明人珀爾（Judea Pearl）鑽研近代統計歷史學的結果，分析結構方程式的推演，以及貝式定理，對於因果研究中越來越重要的趨勢，非常肯定。

　　我想到最近開放資訊，這是人類為了要探索解答，發展的一種擴張政策，許多學者著眼於經驗數據，如調查數據、樣本數據、人種學數據，或者實驗資料的數學，例如基因序列，或許是數理數據，如氣候模型、經濟模型、社會模型，或是其他的資料，例如資料探礦，或者是資料庫的數據。

　　人類不斷將開放數據（open data），進行更多的解讀，也是想要思考究竟這個世界是怎麼樣的一個變化。透過「溯因推理方法」，不斷蒐集新的事證，也是更接近實境（reality）的第一步。

康德（Immanuel Kant, 1724～1804）

03
站在巨人的肩膀上

People should respect themselves, and the noblest thing worthy of self-regard。

人應尊敬他自己，並應該自視能配得上最高尚的東西。

——黑格爾（Georg Wilhelm Friedrich Hegel）／德國哲學家

科學研究是一種搜集數據的系統方法。不管是自然科學，還是社會科學的研究，是爲了爲解釋這個複雜世界，並且提供應用的理論依據。

在西方歷史，科學家都很自負。

有一個故事是說，牛頓給虎克的信上寫著：「如果我比別人看得更進一步，那是因爲我站在巨人的肩上」（If I have been able to see further, it was only because I stood on the shoulders of giants）。

這個故事不是說，牛頓抄襲了誰的東西。也不是說，牛頓有多謙虛。

而是，這是一封牛頓很生氣，駁斥虎克觀點的文章。

傳說中，虎克製造了第一個天平、第一臺的顯微鏡、第一個有彈簧的手錶，還有第一隻水銀溫度計。

那麼，牛頓和虎克的矛盾在哪裡？從西方人的觀點來說，沒有溫良恭儉讓的學術倫理，只有不抄襲的學術倫理。

換句話說，牛頓所說的，學術巨人是笛卡兒。笛卡兒和牛頓雖然研究

的領域不同。但是牛頓只信服笛卡兒理論，證明牛頓自身的正確。

但是，我們的學者，在創造理論、修改理論、檢視理論正確與否的自負感和驕傲性在哪裡？

我能體會牛頓的心情，他在學術之路中，像是李白在中年時的作品《行路難》所說的：「拔劍四顧心茫然」。但是我們進行科學研究，曲曲折折，彎彎蜒蜒，又像是李白又說的：「行路難，行路難，多歧路」。

最後，很多沒有創見或是抄來的論文，都像是李白最後所說的：「今安在？」

所以，科學之路，不能著急。

研究生要建立自己寫作的信心，就是闔起書本，用自己的話，寫出一篇文章，並且進行學術引用。學者要強化自身的邏輯運用，讓自己的研究論文，在效度和信度中，無懈可擊。

模型的修正

孔恩（Thomas Kuhn, 1922～1996）寫過一本書《科學革命的結構》，探討了新的科學典範，取代了舊的科學典範的過程。例如說，地心說的科學典範，認為地球是宇宙中心的觀點，被日心說所取代，日心說是假設地球和其他行星，圍繞太陽旋轉。

當科學的典範產生轉移，是因為科學家發現了夠多的反常現象，導致科學家質疑科學的基本原理。

在常態型科學的發展過程當中，這些異常現象，被歸納為可以接受的誤差。然而，在《科學革命的結構》中，這是一種觀念的轉變，隨著科學家試圖建構一種可以解釋這種現象的新穎世界觀，這些異常現象成為一種科學家關注的焦點。當科學家殫精竭力解釋這些異常現象之時，產生了科學危機。但是，一旦科學家發展出了新的典範，在新的世界觀之下，就會

回歸成為常態型科學。

　　所以，當科學家有了初步構想，這是很重要的突破，也就是進行模型的修正步驟。

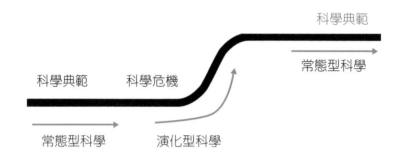

　　在研究中，很重要思索的一環，就是山不轉，路轉，路不轉，人轉。

　　因為理論是死的，當理論不轉，可以從修正模型中轉。模型不轉，可以修正我們的思惟。因為人是活的。我們要讓理論和模型為我們所用，我們不要被理論和模型綁死。

　　也就是在科學研究中，科學家一直在做典範轉移的工作。

　　記住，不是只有科學家才在做這個典範轉移工作。

　　所以，當你的研究和前人的理論和模型相同，蠻好的；當你的研究和前人的理論和模型不太相同，也蠻好的；只要說明出為什麼要修正理論，理論修正之後，依據的理論是什麼？

　　這也是科學家閱讀文獻回顧時的理論根據。當有迴圈出來的時候，集體討論和集體意識都會出現，大家共同思考出解決問題的模式，這也是科學研究中，很重要的一條思考解決問題之路。

第六章

批判之源

多重視角檢證

Humility and triangulation of great people is an excellent way of raising ones probability of making a good decision.

偉人的謙遜和三角檢證法，是提高做出明智決定可能性的極佳方法。

——雷戴利奧（Ray Dalio, 1949～）/ 美國橋水基金公司的創始人

在研究之中，沒有人想犯錯。牛頓（Isaac Newton, 1642～1727）說，運用客觀的科學方法，在形成假設之前，尋找物理證據。

在研究之中，嘗試錯誤是一種最痛苦的學習方法。錯誤會導致不良的研究成果。那麼，如何避免或是減少犯錯的機會呢？

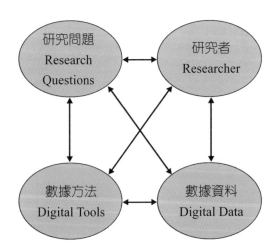

在社會科學的研究之中，多重視角檢證來自於內部批判和外部批判。對於資料來源，我們要謹慎引用，並且小心處理。

在研究中，數據工具（digital tools）是探究的一種方式，我們可以運用數字化研究，反思使用的工具，是否恰當？

此外，需要強調研究者（researcher）在研究之中的角色，以鼓勵研究者反思自己的角色，以及同儕在研究過程中，所共同扮演的角色。

同儕審閱（peer review）

在科學研究中，客觀性是獨立於個人主觀性之外，所能達到的真知層次。研究結果經常會因為研究者主觀意識導致的個人偏見，影響到研究的判斷。因此，需要其他人來評論，以強調研究的客觀性。因此，科學研究的客觀性，是通過消除個人偏見、情感，以及錯誤信念，來發現自然界的真相。科學家通過觀察、不斷地測試，以及不斷地研究驗證，形成客觀的研究。

因此，研究和測量的結果，必須在人與人之間傳達，然後向第三方展示，以形成對於世界觀的集體理解。

三角驗證法（Triangulation）

我在《人文社科的研究方法》中，談到了三角驗證法（triangulation protocol），我在這裡簡單介紹一下方法、資源，以及工具的三角驗證：

1. **方法三角驗證法**（Methods Triangulation）：數據工具（digital tools）是你在研究中最為仰賴的工具。因此，你需要運用不同的方式，來蒐集數據，例如：訪談、觀察、問卷調查，以及文件史料，進行文獻回顧。

2. **資源三角驗證**（Resource Triangulation）：資源的三角驗證，需要涵括

多種當地的研究資源。你必須統合研究領域中，可以借鏡的對象，例
如說，研究的領導者，還有領導者下轄的研究人員，包含了觀察者、
分析者，或是評分者的調查結果，進行驗證。

3. 工具三角驗證法（Triangulation of Tools）：工具三角驗證，包含了數
   據三角驗證，這些涉及你花了多少時間，花了多少空間，以及你採用
   的工具是否得當，包括了訪談工具、調查工具，以及評估工具。

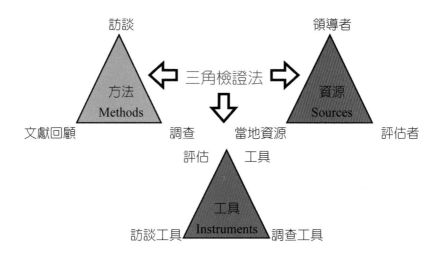

多重視角檢證方法

　　我在《人文社科的研究方法》中，談到了研究中的檢核方法，包括了參
與者的檢核（participants checking）、同儕的檢核（peers checking），以及研
究者自我檢核（researchers-self checking）。在研究對象的檢核中，我們也是
採用廣義的三角檢核法，這是一種有關於對象的三角檢核，說明如下：

1. 參與者的檢核：我們在進行研究對象的訪談和觀察之後，研究者可以邀請參與者共同討論文稿筆記，最後的研究報告也應該請接受訪談的參與者提供回饋意見，以確認是否正確無誤。

2. 同儕的檢核（peers checking）：至少找三位專家學者定期的一對一會議，針對研究過程、研究資料、研究結果、詮釋，以及結論，評論研究內容的正確性。

3. 研究者自我檢核（researchers-self checking）：避免研究者的自我偏見，需要澄清研究者剛開始的假設是否需要釐清？研究方法是否有錯誤？研究結果的詮釋，是否有錯誤？

你的統計量落在哪裡？

Only those who never look up to high altitude lying in the pit, and will not again fall into a pit。

只有那些躺在坑裏從不仰望高空的人，才不會再掉進坑裏。

——黑格爾（Georg Wilhelm Friedrich Hegel）／德國哲學家

在科學的研究中，我們需要證明假說的眞僞。我們採用假說，進行實驗和調查結果的測試。

在統計學上對於數值的假設，就是應用參數進行論述。

如果我們要檢驗這個被檢定的科學模型，我們稱爲虛無假設（null hypothesis）。虛無假設通常由研究者決定，反應研究者對於已經知道的參數A和未知參數B的看法。

相對於虛無假設，我們設置對立假設H_1（alternative hypothesis），反應了研究者對已知參數A和未知參數B的對立看法。假設檢定步驟如下：

一、在統計說明中，要載明p值。p值是由統計學者費雪（Ronald Fisher, 1890～1962）在一九二〇年代發展出來的。p值檢定最開始檢定在一個模型之下，實驗出來的數值和模型是否吻合。在這個虛無假設之下，得到一個統計值，然後要計算出產生這種統計值的機率有多少，這個或機率就是p值。

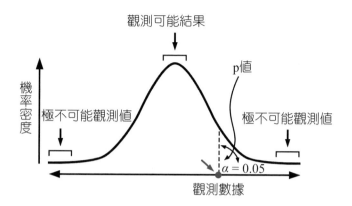

如何提出虛無假設？

我們提出相關的虛無假設（null hypothesis）和對立假設（alternative hypothesis）。

1. 虛無假設：H_0：參數A和參數B沒有關係，或是沒有差異。

2. 對立假設：H_1：參數A和參數B有關係，或是有差異。其中，對立假設是我們真正想證實的論點。

考慮檢驗中對樣本進行的統計假設。例如，關於獨立性的假設或關於觀測數據的分布的形式的假設。然後，決定哪一種檢測是合適的，並且確定相關檢驗的統計量。

在虛無假設下，推導檢驗統計量的分布。在標準情況下應該會得出符合學生t分布（Student's t-distribution）。也就是說，在母體標準差未知的情況之下，不論樣本數量大或小，都可以應用學生t檢定。

還是有犯錯的可能

我在《期刊論文寫作與發表》一書中提到，由於我們是根據樣本提供的資訊進行推斷，也就是說，我們會有犯錯的可能。

如果原來假設正確，而我們卻把它當成錯誤的加以拒絕。犯這種錯誤的機率用α表示，統計上把α稱為假設檢驗中的顯著性水準，也就是決策中所面臨的風險。

　　在此，我們選擇一個顯著性水準α，如果低於這個機率閾值，就會拒絕虛無假設H_0。

　　我們通常選擇$\alpha = 0.05$。表示當我們接受假設的決定時，其正確的可能機率為95%。我們進行檢定的時候，如果我們的$\alpha = 0.05$，則若$p < 0.05$，我們拒絕虛無假設，並且宣稱這個檢定在統計上是顯著的，否則檢定就不顯著，這是傳統的p值檢定方法。

　　如果統計上顯著的話，我們就認為得到實驗結果的機會很小，所以就不接受虛無假設。

　　根據在虛無假設成立時的檢驗統計量t分布，找到數值最接近對立假設，檢驗中，依據顯著性水準的大小，將概率劃分為二個區間，小於給定標準的機率，區間稱為拒絕區間，意思是在虛無假設成立的前提下，落在拒絕區域的機率只有α；事件屬於拒絕區域，拒絕原假設。

　　但是，對立假設永遠不能被證明完全為真，而只能由不斷地科學測試進行假設支持，最終被廣泛認為是真實的理論。

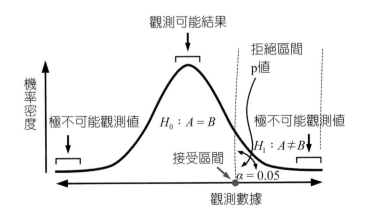

培養菌體吧！

　　如果我們以A與B兩種碳源進行培養，所得到的菌體量那種較高？

　　其中的對立假設H$_1$：就是A與B兩種碳源，所得到的菌體量是不同的。我們想要推翻「兩種碳源是一樣的」這個虛無假設；也就是說，對立假設正是我們想要的結果。但是，如果結果與對立假設一致，則說明這一種實驗支持對立假設。我們採用上述結果，是因為研究者認知到採取對立假設（alternative hypothesis），也可能與觀察結果一致。

北極熊摔下冰山　　北極熊隨波逐流

北極冰山碎裂　　北極冰山溶解

是化學。

啥米？

在酒精脫水時，氫會首先從相鄰的碳原子中分離出來，使氫更加地匱乏。你看過帶正電的基團，進攻不飽和鍵，引起的加成反應嗎？

03

費雪的問題

The world is not a lack of beauty, but the lack of discovery。

世上不是缺少美，而是缺少發現。

—— 黑格爾（Georg Wilhelm Friedrich Hegel）／德國哲學家

為什麼對立假設永遠不能被證明完全為真呢？

根據科學實驗，我們在尋求對立假設的正確性。但是，對立假設永遠不能被證明完全為真，只能趨近於真。

我在《期刊論文寫作與發表》一書中也提到了，如果你採用了試誤法（try and error）。

首先，你需要提出一理論假設虛無假設：H_0，然後再看，我們能否找出其意涵的證據（Evidence, E）的對立假設：H_1，以進行證偽。

為什麼說 p 值很小，就不接受虛無假設？

美國德州大學奧斯汀校區教授林澤民認為，這是依據命題邏輯中，「否定後件」（Modus Tollens）推理的邏輯，意思是以「否定」來「否定」的方法。當統計學者費雪（Ronald Fisher, 1890～1962）在一九二〇年代否定的虛無假設 H_0 之後，便再提出另一更符合事實的論證 H_1。但是，這個邏輯是有問題的。

費雪採用命題邏輯來進行統計推論。但是，其實統計推論方法，應該和命題邏輯不完全一樣，因為顯著性水準 α 絕對不可能是零，如果 α 是零

的話，就不是統計了。

談到p值的問題，一般情況下，我們以檢定的模型進行說明，是假設實驗是隨機狀態。在這個虛無假設之下，得到一個統計值，然後要算獲得這麼大（或這麼小）的統計值的機率有多少，這個或機率就是p值。也就是說，我們設p值是出錯機率，p值界線是為了判定結果是否為顯著，所以只有兩種結果：顯著和不顯著。

林澤民認為，不能因為p值很小，小到可能性很低，我們就用「否定後件」的方法來「否定前件」。因為即使p值的數值很小，我們卻無法否認p值的存在。不管多小，p值都有發生的可能，我們不能排除p值發生的可能性。此外，p值說明如果虛無假設是對的，我們得到的是「觀察到資料」的機率有多少，我們並沒有被告知「虛無假設是對的」的機率有多少，或是「研究假設是對的」的機率有多少。p值是用來判斷接受與拒絕虛無假設，說明虛無假設是「觀察到資料」的機率，以及對於結果的信心程度。因此，p值不能決定顯著水準，也不是觀測「模型」正確的機率。

笛卡兒說了什麼？
1. 永遠不接受任何不證自明的真理，要將權威者的話，列為懷疑的問題。
2. 將要研究的複雜的大問題，分成多個比較容易解決的小問題。
3. 將這些小問題從簡單到排列到複雜，先從容易解決的問題著手。
4. 將所有問題解決之後，再綜合檢驗，看是將問題徹底解決。

科學理論永不能被證實為真

在研究的正確性上來說，美國統計學會（American Statistical Association, ASA）發布了聲明，在研究中不但要報告p值顯著的研究結

果，也要報告*p*值不顯著的研究結果。

因此，我們採用重複使用統計上的試誤法，這一種試誤法是沒有休止的。

基於波普爾（Karl Raimund Popper, 1902～1994）的證偽原則，科學理論永不能被證實為真。

我們只能將「不太好」的理論模型除去，留下較好的假說，但是永遠不能說那一種理論模型為最後的事實。

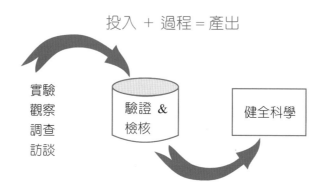

PayPal創辦人提爾（Peter Andreas Thiel, 1967～）曾經說：「在瞬息萬變的世界中，您可以承擔的最大風險就是不承擔任何風險。」

我認為，在科學研究中，我們只能找出「假」的理論模型，但不能找出「真正」的理論模型。

科學理論只能被證偽，而不能被證實

科學理論只能被證偽，而不能被證實。

試誤法也就是這樣的一種建立於演繹邏輯和證偽原則之下的方法。

此外，假設如果經過無數的實驗進行確認，並且受到校準，可以進行對

於未知現象的預測。

　　隨著觀察精度改善，也許舊有的假設模型，可能不再提供準確的預測之後，在這種情況下，將出現一個新的假設模型，來挑戰原有的假設。

　　如果一個新的假設模型比原有的假設模型，在預測程度上更為準確，新的假設模型將會取代原有的假設模型。

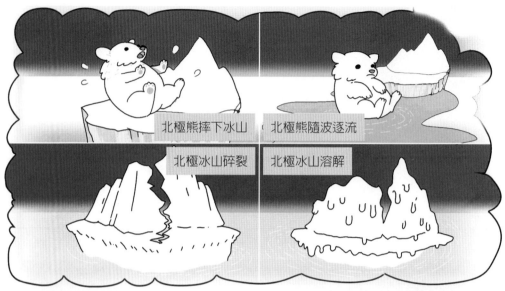

北極熊摔下冰山　北極熊隨波逐流

北極冰山碎裂　北極冰山溶解

我說的是向上的社會連結。

啥米？

從關係上來說，連資源都是集中的。
如果你沒有爬到一定的層級，你就只
有回家了，挨餓受凍。

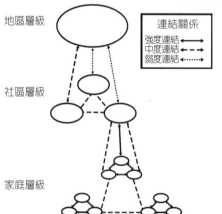

地區層級

社區層級

家庭層級

連結關係

強度連結 ◄——►
中度連結 ◄- - -►
弱度連結 ◄·····►

2021年2月德州大停電

1935年羅斯福總統簽了一條法律，要求
全美各州在緊急的時候，可以互相分享借
用各州的電力系統。當時的德州是全美國
唯一不參與也不服從的州。因此美國全國
分成了三個大電力系統的樞紐，包含了美
東、美西，以及德州。德州在2021年大停
電，因為冰凍、風力及太陽光電都無法使
用。此外，火力發電因氣溫太低、操作上
會產生許多問題，同時電力系統、輸送及
變電所效率，變成非常的低。

不過就是一些連結關係吧！

看起來，應該是。
這也要算《馬太福音》？

這也是一種「親上加親」，
或是「社會切割」的象徵。

我問你，2021年2月的時候，極端寒
流如何癱瘓了「德州火力發電」？

省思研究

01
你有你的自由選擇

People often lose their mind when they are most horrible in spirit.
人在精神方面受到了最可怕的打擊時，往往會喪失神志。

——狄更斯（Charles Dickens, 1812～1870）／英國維多利亞時代作家

本書寫了六章，已經接近尾聲了。我念茲在茲的是，這一本書是新的嘗試。因為研究方法，包山包海。這一本小書，很難涵蓋所有的主題。我想在最後一章，談一下我的研究心法吧。這不是研究方法，而是「生存的方法」。

因為，我在國立臺灣師範大學環境教育研究所，到了2021年已經經歷了九年研究所教學的歲月，應該可以談談看了。

在第七章，我會談一下「生存之道」，並且論述一下我對於這個時代的憂心忡忡。

哲學家柏拉圖（Plato）談到進行研究的困難，即使他說的不是悖論，但是也非常的詭異。

柏拉圖（Plato）說：「如果您知道要找的內容，為什麼要找呢？」「如果您不知道要找的內容；那麼，你要找的是什麼呢？！」

我在教授環境教育研究法的時候，一整個學期，我會列三十本英文書給學生閱讀，學生必需要導讀，我們一共花了兩星期都導讀完了，所謂學生導讀不是只是講解PowerPoint給我們聽，我們必需還要交互駁詰論證，並且納入到碩博士論文的重要理論依據。

這些英文書籍非常精彩，都是2016～2020年的新的英文書，我也感謝國立臺灣師範大學提供pdf的英文書籍。

我想，這是一種教學研究法的嘗試，因為過去我們都可以去看期刊文章進行研究；但是英文期刊或是中文期刊，其實是一種非常碎裂的玩意。

如果採用期刊論文來教，我非常不喜歡，同時感覺教起來沒有什麼系統，於是這學期更加的系統化，採用學生自導方式閱讀一本英文書。

我從「為什麼要做研究」，討論到「學術名譽研究倫理」，並且進行「理論跟典範探究」，到「研究計畫的目的與設計」和「抽樣的邏輯」。這些當然要配合許多的精采的PowerPoint動畫，才能夠達成。

這是「自由選擇學習」嗎？

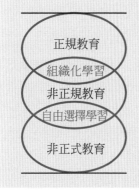

自由選擇學習是美國奧瑞岡州立大學發展的教學模式，這種形式基本上是一種自我激勵教育，讓學生可以掌控自己想要探索的事物。基本上，報考環境教育研究所的碩博士生，都會對環境教育的理論感到興趣。我會列30本最新國外出版的英文環境教育書籍，給學生自行挑一本閱讀，學生必需發揮自己的興趣和專長，導讀給其他的研究生聽。

清涼一下頭腦

我在2020年出版了 *Envisioning Environmental Literacy* 這一本書，我運用實證型調查的案例進行撰寫。基本上我的研究，都是一種實作。

如果，實例需要藉由系統性的理論進行建構，我心儀的康德的研究法，或黑格爾的研究法，這些都是在英文書中已經寫得很清楚的方法，也在這一本書中，詳細介紹出來了。

我認爲，康德＋黑格爾方法學，需要更精進。

這部分的研究法，形成了一種康德＋黑格爾方法學的體系。

2019年有一天，我泡在游泳池清涼的冷水環境中，在水柱沖下腦門的刹那，我突發奇想。畫了一張圖。這一張圖原來我出版在*Envisioning Environmental Literacy*這一本書之中。我認爲我應該趁將英文翻譯成中文，說明自由選擇學習（Free choice learning）的加強版。

我加上了新環境典範的概念，我覺得這個概念，可說是威力十足。

但是，我檢視臺灣環境教育的活動，可惜呀，可惜！竟然沒有什麼案例，完全符合自由選擇學習＋新環境典範。

我想到2020年碩士班研究計畫考試，環境教育研究所師長也說，檢證國內環境教育設施場所的自由選擇學習場域，師長們也認爲幾乎都不像。

要如何建構自由選擇學習＋新環境典範？

所以，美國的自由選擇學習理論，如果要找到臺灣的案例，需要進行更多的搜索；此外，還要有新環境典範的要素。可能，這就是非常困難的地方。

新環境典範
（New Environmental Paradigm, NEP）

教學複雜性高　　　　　　　　學習啓發性高

II　外在動機提高　　I　內在動機提高

非自由選擇學習　　　　　　　　　　自由選擇學習
（No Free-choice Learning）　　　　　（Free-choice Learning）

III　內在動機降低　　IV　外在動機降低

教學啓發性低　　　　　　　　學習複雜性低

主流社會典範
（Dominant Social Paradigm, DSP）

1899年德州測到的攝氏負22度最低溫紀錄，2021年測得的最低溫是攝氏負18度。

啥米？

連資源都是集中的。

如果你的輸出層是1.停電；2.暖氣斷線；3.急凍，最後的輸出層是什麼呢？

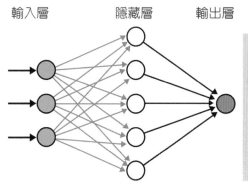

輸入層　　　　隱藏層　　　　輸出層

德州人認為自從阿拉莫（Alamo Mission）一戰之後，他們是全美國最棒的州，德州面積比臺灣大21倍，有石油和天然氣。不需仰賴其他州。所以這次德州大停電，美國各州也因為和德州系統無法互聯，也不能幫忙。

我看不清楚什麼是隱藏層！

我猜一下。這也要算《馬太福音》？

這也是一種「電力自由競爭」的經濟象徵。我告訴你好了，最後的輸出層是電力市場的賣電價格，在3天之內，飆漲了410倍。

02
學生就是「學習生存」

I hope you must start with ordinary scholars, so that you can become an extraordinary scholar.

我希望你總得先從平凡的學者做起，這樣你才能成爲一個不平凡的學者！

——狄更斯（Charles Dickens, 1812～1870）／英國維多利亞時代作家

我讀土地倫理之父李奧波（Aldo Leopold, 1887～1948）的書，翻譯如下：

「一般大眾只是生態機制中的齒輪，如果可以利用這一種機制，了解人類的精神財富和物質財富可以無限地擴大。但是，如果他們拒絕與之合作，自然界最終會將人類磨成灰塵。」

李奧波最後問：「如果教育沒有教會我們這些東西，那麼教育是爲了什麼？」

我在《期刊論文寫作與發表》中，很強的一塊是談到價值。那是因為我在書中，我採用了篇幅談到殷海光的《思想與方法》。他說的是西方邏輯的價值，雖然，我認爲他的方法是舊的方法，但是我不能以二十一世紀的角度，觀察二十世紀的進步學問。

殷海光晚年活得不開心，因爲他受到監視，他罹患胃癌，在臺大宿舍只有活到四十九歲。

所以，當我思考到，如果一個異議者羈押得到癌症，又在保外就醫時死掉，那是一個什麼樣的政府對待一種統治異議者的光景呢？

我仔細看到這些異議，我們這一群在臺灣生活的人，每天都在發問，很多異議，在我們看來，都是陳腔濫調，都是已經可以留在20世紀非常早的年代的一種歷史追尋。然而，這些沒有新意的東西，卻可能被政府，視為洪水猛獸。

在這裡，我不想談政治，政治已經漫如煙海，無名小輩如我們，只能用一連串的問號，向大地提問，向歷史提問，向古人提問。但是，我不會向政治提問。

「學生」就是「學習生存」

國立臺灣師範大學競技系李建興教授出了上聯。他說：「到了大學盡量不考試」。

「大學要學大。」

我對了下聯。「教授要學生。」。我的意思是說：「教授要學習生存。」後來我覺得，好像對的不好。我就改對：

學生要生學。

學生不要死學，死背學習。

我通稱在學校的教授，都是「學生」，「學生」就是「學習生存」。

在學術界謀生存

我進入學界，看得最勤的就是所有討論研究法的書。

這麼多年來，從沒有生產過一篇國際研究期刊，到了學習如何撰寫第一篇期刊論文。在國際期刊論文一篇一篇接受之後，開始了解什麼是「研

究的自由」。

　　我享受著就算沒有研究經費，在2021年一年也可以產出12篇SCI和SSCI國際期刊的發表樂趣。因為研究工作，雖然忙亂。但是可以享受自己選擇看書。

　　例如，看心理學的書、看哲學的書，看宗教的書，可以享受身心較為安頓的方法。自從在美國拿到博士學位之後，才知道看書是一種樂趣。即使看不完，也沒有關係。

　　這是我通常勉勵研究生的話，我談到「學生論」，因為看不完是正常，看得完我才覺得奇怪。因為我的哲學很簡單：「學生就是學習生存」。不管是研究生還是教授，都在學習中。即使在大學教書的教師，也在「學習生存」。而且，我覺得在校園中，教授的生存條件，比學生更為艱難。那麼，教授也是「學生」囉。大家都是學生，一輩子都是在學習；那麼，這個「學生論」的道理也就相當明白了。在校園中，我繼續發展我的「學生論」吧。

　　我的這一種悖論（paradox），竟然有教授會認同。

　　香港中文大學李連江寫出了這一本《在學術界謀生存》。他在書上中說，他非常討厭學界出研究法的書。他認為，寫研究法寫到深奧的學者，通常沒有期刊產出。我想，這不一定是對的。

　　我認為，期刊論文發表超猛的教授，如果有學術良心，他是願意將這些學術撇步，也就是「眉眉角角」釋放出來。因為研究法是一種「濟世」的書。是一種拯救助理教授通過國際期刊的考驗。如果沒有國際期刊撐腰，不知道又有多少位助理教授通不過，面臨被學校解聘，然後和學校對簿公堂的命運。

　　我也想到了共時性（Synchronicity）現象。瑞士心理學家榮格（Carl Jung, 1875～1961）在一九二〇年代提出「共時性」（synchronicity）現象

的理論（Jung, 1985/2013）。

　　依據相同時代，但是產生「非因果關係」的同樣見解，說明了同一時代的同步巧合。因爲我也寫出了類似的論點。如果我想到了即使在大學教書的教師，也在「學習生存」。那麼，李連江的《在學術界謀生存》這本書一定有我可看之處。

　　我將這一本書從頭到尾看了一遍。雖然，不完全認同他的觀點，但是，我佩服他的勇氣，他寫出我不敢寫出的學界內幕，包括了國際期刊審稿的種種內幕。如果連審稿都能夠通過了，期刊都能夠刊登了，基本上，生存就容易咯！

　　因此，我都在教「生存學」。例如，我爲五南出版社撰寫過《期刊論文寫作與發表》和《人文社科研究方法》，我還是習慣一種可能的失敗。

不過就是多巴胺低落狀態吧！

教授！連化學都要搶來搶去嗎？
這也要算《馬太福音》？

這也是一種「論文寫不出來的現象」，
或是「想寫的人，越來越會寫；不想寫
的人，會越來越不會寫」。
女人緣好的男人，會得到另外的女人，
連女人都沒有的男人呢？

會得到另外的取代基。
少分泌一點多巴胺，專心寫論文。

03
論文寫作的入門

Opportunities don't come to people, but people look for opportunities.
機會不會上門來找人，只有人會去找機會。

——狄更斯（Charles Dickens）／英國作家

我從早上九點做到下午五點坐在家中，我花了整整八個小時的時間，處理學生的碩博士論文。

在這個過程中，八個小時不眠不休的工作時間，其中的寂寞和寂寥湧上心頭，我不斷地自我反省。我不知道這是不是一種自我壓力給的急迫感，我需要腦中多巴胺激勵，讓我可以在努力衝刺，讓學生的論文書寫更爲美好。

但是，我在下午五點，腦中的能量都消耗殆盡了，我發覺我需要補充一下能量，重新從書架上，翻閱了《撰寫論文的第一本書》（四版）（周春塘，2021年版）、《研究研究論論文》（吳鄭重，2016年版）、《如何寫好小論文》（林金源（譯），2016年版）、《論文寫作之規範及格式》（三刷）（吳佩瑛，2016年版）、《敘說分析》（七刷）（王勇智、鄧明宇（譯），2014年版），甚至，我將宋楚瑜在1984年寫的《如何寫學術論文》（修訂再版）都翻出來，那是我在1985年唸中興大學法商學院買的書。我不吝惜投資自己，大量買書，我需要自我學習。

後來，我讀到《教授爲什麼沒告訴我》（畢恆達，2020年版）、

《研究生不死，只是生不如死》（2007年版），是我看到最開心的研究書。

此外，《思想與方法》（殷海光，1986年版）、《細說研究》（游一龍、程千芳，2011年版）、《不用數字的研究：質性研究的思辯脈絡》（三版）（蕭瑞麟，2017年版），也是讓我看到很有心得的書。

我在修改學生的論文時，我很受挫，努力在思考我們的碩博士教育，到底出現了什麼問題？我們需要什麼樣的論文寫作和研究方法的建構？我如何要好好的教學？

後來我發現，這是我第一次看到這一梯次學生給我的論文文章。大家都沒有寫的經驗；甚至，我的博士生，來了我研究室兩年，我到現在還沒有看過他寫給我的任何論文的篇章。

原來，這都是大家第一次。

《新嫁娘》說：

三日入廚下，洗手作羹湯。未諳姑食性，先遣小姑嚐。

論文需要給同儕看過，給指導教授看之前，先給同學審閱，給意見，免得大家都受傷。

開始寫論文

我從27歲開始我的英文學位論文寫作，我拼命似的找尋資料和研究議題的開端。學到了很多國立中興大學都市計畫研究所傑出的論文的寫法。直到在美國唸了博士之後，我還是搭機返國在國家圖書館，印了一本又一本的研究論文。讀了又讀，到現在指導學生寫作，我開始有了下列的想法：

1. 論文不是報告：論文是一種論述的過程。很多國內論文都是只是只述不論，抄了一大堆資料，沒有消化，堆疊在這一本厚厚的論文中，可

以說是浪費紙張。論文需要有假設和論證，不管是質化和量化，邏輯關係的敘述很重要，只是堆疊文字，和網路文章沒有差別。

2. 論文不是有引用就好：過去在哈佛大學，我的老師景觀生態學之父佛爾曼（Richard Forman, 1935～），就很討厭學生引用英文專書，以及政府報告的文獻。他說，引用期刊論文是一流，引用書是二流，引用政府報告是三流。我看到學生寫來的論文，引用博碩士論文、引用維基百科、引用網路文章、引用奇奇怪怪的文獻，我看到很痛苦。如果引用政府報告都是三流的做法，那麼引用博碩士論文呢？引用維基百科、引用網路文章等來路不明的文獻，是負責任的寫作行為嗎？何況，抄來抄去的引用法，沒有論述及歸納的分析方式，讓整個國家圖書館充斥著自我引用中文拙劣文字的陰影。我記得曾經看過一本碩士論文，翻譯國外文獻錯了。後來國家圖書館典藏了一大堆引用這一本翻譯錯誤的碩士論文的論文，大概都是全錯了。所以，我建議還是直接好好閱讀國外文獻，引用國外英文的期刊論文（journal paper），好好搞懂原文的理論，才是帥氣的表現！

3. 禁止抄襲的行為：最近國立臺灣師範大學規定，論文超過15%經過抄襲軟體檢驗之後，不得畢業。我暗暗叫好，學生抄襲，我只能從google去比對，經常看到滿江紅的抄襲，有一點慘不忍睹。至少，用turnitin進行比對，減少了師生接受社會譴責的危險（*如果這位學生後來平步青雲，當上大官，論文必須接受社會無情的檢驗）。然後，這一本論文要在國家圖書館典藏三百年，至少我不想被後人指指點點，論文沒有把關，輕易放水。

4. 論文的創意：論文的創意，都是靠社會觀察、悉心傾聽、大量閱讀國際期刊，甚至周遊列國而來。目前博碩士論文，寫出有創意的論文不多。但是，論文需要小而美，最高等的論文，解決理論問題；此外，

需要驗證國際研究中的缺口，了解環節問題，才能一針見血，寫出具有學術貢獻的論文。

5. 碩士論文是以實例印證（甚至修正）前人的理論模型：所以經驗和論述可以各半，所謂經驗，可以是閱讀和體驗，論述可以是推理。所以，碩士論文野心不用大，可以修正前人的理論模型，不用想到太多，太執著於開創新局。博士論文就必須要更努力，創造理論。我認為個人經驗、閱讀經驗，以及推理和論述，可以進行交錯反覆的細緻辯證。所以，開始寫作的時候，可以先破題，從題目開始，進行研究問題的解析。所以，發現什麼問題，將問題說出，是很重要的第一步。

是憂鬱症吧！

教授！你是怎麼站起來的？
我好憂鬱。

我曾經問過，「那麼，我們還會再見面嗎？」

愛情是人生中最奸詐的東西。

想像你會走向更多充滿希望的遠方。
疫情期間，我們出去走走吧。
記得，戴上口罩。

04
治學的態度

Don't think, I can't live.
不用動腦筋，我就活不下去。

—— 福爾摩斯

我對於治學的態度是：「因為我家裡沒電視，我沒有車，我太太和我商議，把學校的那部車，反正發不動，叫人給拖走了。我可以花一小時的時間，送小孩上學，然後繼續步行，走到學校，走一個小時，約7公里的路。」

過去，我在二十三歲的時候擔任義務役政戰中士士官，剛下部隊中，阿兵哥對我的評論是：「士仔什麼都不會」。我吞不下這口氣，直接嗆：「要不要比一萬？」。阿兵哥縮回去，說：「部隊沒有比一萬。」

老兵推派新兵隊第一名出列和我對幹，跑五千公尺的操場。當我們跑到第九圈，我還有餘力，新兵隊第一名的阿兵哥和我說：「士仔，我們這樣比，沒啥米意思」。我說：「好，搵可以停了。對外攄共，打成平手。」我面子裡子都有，也給老兵面子，二年當兵，無往不利。

回想到我在臺師大，教導第一位學生在寫論文的時候，學生告訴我說，她會自我「禁寫臉書」，而且沒有娛樂。

我很欣慰。

「該讀的書要讀，該寫的論文要寫。每天寫一頁。積少成多。何難

之有？」我在想，現在大家都花時間寫臉書，教授不寫書，只寫臉書。大概我的校友祖柏克（Mark Elliot Zuckerberg, 1984～）睡覺都會笑，數天下「文字奴隸」努力幫他賺錢的鈔票吧！他要改臉書為Meta，大家都在幫祖柏克賺錢吧。因為撰寫臉書，是文字的奴隸所會做的事情。這也是一場「文字資本主義所演化的自我奴隸運動」。

我希望同學多看老師的論文。人生不如意事，十之八九，得意事，十之一二。我們靠著這個一二，就可以過活了。如果，學者寫的失敗學（十之八九），我一定會買。我幾乎不會看十之一二的成功學，太過夢幻了。

出野外喘一口氣

我在國立臺灣師範大學環境教育研究所，到了2022年已經經歷了十年研究所教學的歲月。回想當初2012年從進到師大的惶恐不安，到現在已經安然若素。最主要的原因是師大十年前的制度變革。

從進來之前，一年要一篇國際期刊SCI或是SSCI論文，連續三年要發表，外帶還要每年拿一項科技部計畫的研究，才能進得來。

到了二年半一到，立即進行新進教師的續聘評鑑，不過的話，就是準備舖蓋回家。

二年半，先檢驗第一年是否有一篇第一作者或是通訊作者的I級期刊。所以，我必須學習滿足師大的最低需求和標準。

也就是，滿足單位所需要的I級期刊。但是大多數的時間，我還是在做環境教育。因為，環境教育不是實驗室的教育。環境教育是人的教育，不是將大自然當做實驗室。環境教育也缺乏了殘忍無道的競爭思想。

環境教育是平和的，是舒緩的。

到了續聘評鑑通過，2015年4月，算是舒坦的一個月。一個月之中，三篇的第一兼通訊作者的期刊被接受和刊登，得魚忘筌，我可以不必理會

這些繁文縟節了，專心在野外學習求生。

我告訴學生，學生就是「學習生存」，連大學的老師，也在當學生；所以，在校外教學中，我們環境教育研究所，每年除了自己課堂上的校外教學之外，還要辦理教師和學生的聯合校外教學。

聯合校外教學

2014年，我們在花蓮。2015年，我們四天之中，到觸口、鰲鼓和成龍濕地。校外教學老師和同學都很累，因為，我看得出來學生相當投入，也給我們老師相當多了挑戰。

從課程安排、住宿聯繫、交通安排、吃飯，到了野外的社會服務，都有相當程度的討論、溝通、對談、對話、資料評估，以及最後的研究範疇界定，從龐大的同學自發性分組來說，可以看到同學的投入行動。從鰲鼓濕地，我看到港口宮三千次媽祖分香，我和學生討論到三千次的居民遷徙，從笨港人到臺灣人的過程；從民宿老闆深夜對談，我想到了鮭魚返鄉，從青壯年在外地打工，到了中年開始，思考到回鄉務農漁的臺灣現象。這些，都是學生在環境教育理論之中，需要研究的好題材。生態旅遊、自然中心、濕地環境教育、環境學習中心、環境教育設施場所、環境教育機構，我看到周儒所長深夜還在辦公，努力和日本學藝大學的合作計畫，和內蒙古師範大學的合作計畫，不斷的深入合作與交流，周儒所長甚至寫計畫寫到深夜十二點。這次，四天下來，因為極度缺乏睡眠之下，在回程中，我在同學的歡唱中，也睡了，也謝謝同學給我的腦力激盪，讓我不斷的反思，臺灣的環境教育的未來希望。誌於2015年4月19日

05
社會網絡關係

No matter how complex cases, people can always seek out an explanation.

不論案件如何複雜，人們總能尋求出一個解釋。

——福爾摩斯

如果你是一位社會學者，看到港口宮三千次媽祖分香，這也是一種三千次的居民遷徙，你會感到好奇嗎？

在社會中間，每一個人在網絡的世界，都是節點，靠著似有還無的方式，和其他人產生連結。在環境當中，你不是孤立的個人。

你需要強化行動者之間的結構，這一種結構，不是靠電腦虛擬的世界所能達成。我從這些網絡關係之中，找到了我的研究立基點，包含了結構方程模型、類神經網絡分析。

我開始審視社會議題的不同視角。

我的感覺是，社會網絡關係可以是一種因果關係，可以是一種連結關係。可以結合統計學的分析，進行網絡結構的分析。

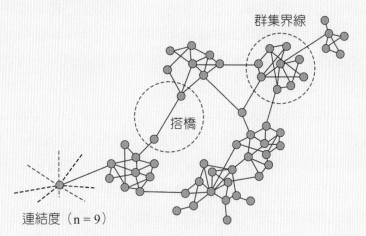

如果你對於分香產生興趣

群集界線

搭橋

連結度（n = 9）

在一定的區域中，我認為分香，是一種社會網絡（social network）關係。透過宮廟分靈進香的社會網絡過程，你可以看到許多社會現象。例如說，搭橋。或是形成區域中的群集界線。這些都是社會中的個人與他人透過網絡關係的連結。

所有模型都是一種結構

我們從社會網絡關係，了解所有模型雖然沒有達到現實的複雜性，但是仍然可以使用。基本上，我們看待所有的模型，包括物理、化學，以及生態模型；甚至是社會科學模型，都會有簡約（parsimony）和謹選（worrying selectively）的特性。

1. 簡約（Parsimony）

由於所有模型都有簡約（Parsimony）的特性，因此科學家無法通過過多的闡述來獲得正確的模型。在奧坎（Occam）剃刀理論中形容，如果同一個問題有許多種理論可以解釋；那麼，你應該挑選其中使用假設最少

的一種理論。儘管越複雜的方法通常能做出越好的預測，但是在不考慮預測能力的情況之下，奧坎剃刀理論認爲你的假設應該是越少越好。奧坎剃刀理論應該是尋求對自然現象最爲精簡的描述。然而，設計精簡的模型的能力，即使是偉大科學家的象徵；但是過度參數化的模型，通常是一種平庸的表現。

2. 謹選（Worrying Selectively）

由於模型可能有誤；因此，科學家必須警惕重要的錯誤。如果，簡潔的模型可以精確表示現實世界中存在的任何系統，那將是非常了不起的一種發現。但是，簡約的模型通常提供了有用的近似值。例如，在熱力學中，描述理想氣體物理行爲的方程式，稱爲理想氣體狀態方程式（ideal gas equation of state）。根據理想氣體定律，理想氣體狀態方程式如下：

$$pV = nRT = NKT$$

其中，p：理想氣體的壓力；V：理想氣體的體積；n：氣體物質的量（通常是莫耳）；R：理想氣體常數；T：理想氣體的熱力學溫度；K：波爾茲曼常數；N：氣體粒子數。

關於任何理想氣體，$pV = nRT$ 並不完全適用，但是這個公式提供了有用的近似值。此外，由於這個結構從氣體分子行爲的物理角度出發，具有參考價值。對於這個模型，不需要問「這個模型是否正確？」。如果將發現「眞相」視爲理想氣體「整體眞理」的展現，則這個答案爲「否」。

我們需要問的問題是，「這個模型是否具有啓發性，並且有用？」

當所有模型都有可能是近似值。在本質上，所有模型都有可能是錯誤的，但是有些模型是有用的。但是，我們必須始終牢記模型的「近似性質」。

06
當然，模式是必須的

I never guess. Guessing is a bad habit, it is bad for logical reasoning.
我向來不猜想。猜想是很不好的習慣，有害於作邏輯的推理。

——福爾摩斯

如果，模型是一種有用的虛構形式。我們無法找到一個完全常態分布，或是一種精確的線性關係模型。

因為所有模型均為近似值。所以我們經過假設驗證之後，無論是隱含的假設；還是明確陳述的假設，經過驗證之後，都有可能不是完全正確的。

因此，有一種說法是，所有模型都是錯誤的；但是有些模型是有用的。所以，您需要問的問題不是模型是否正確？而是，這個模型在特定條件之下，是否夠好？

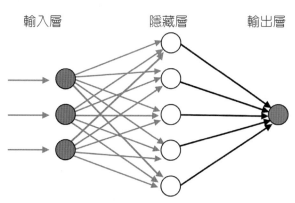

類神經網絡是一種非線性關係的模型

教父的背影

　　有時候，我在疲倦的時候，想到恩師Richard Forman在2019年以八十四歲高齡，還在出新書*Towns, Ecology and the Land*（2019），我想到他的孤獨，一切疲憊的身心，都消失了。Richard Forman在哈佛大學的時候，就有帕金森氏症，我坐他的車子到野外，他的手顫抖，一邊開車，一邊看地圖找路。我坐在副駕駛座，但是他總是拒絕我幫他看地圖。

　　我說，好吧。到了野外，他問我知道什麼是共生嗎？我聽到共生的英文單字，看看這一棵植物上的共生植物和共生動物，笑了一下。當然，經過十九年，我已經忘記是哪一株了。

　　他帶我們到野外，學習狼叫，蒼茫大地，只有一群狼。老狼和小狼。我常看他在早上七點半，為了印只有四位研究生的講義，一個老先生自己在影印機前影印。

　　孤獨的身影。

　　這裡是哈佛大學。

　　他是教父，景觀生態學之父。

科學是否真的突飛猛進？

　　美國學者裴傑斯（Heinz Pagels）1988年出版的《理性之夢：科學與哲學的思辨》（*The Dream of Reason*），書上所述相當先進，例如平行計算、奈米科技，依舊在30多年之後，還是科技界常用的東西。

　　我記得我的研究用到退火模擬、基因演算、類神經等模擬，都是書上談過的東西，我感慨世界科技進步的緩慢，在科學哲學上，三十多年來，也沒有太多的進展，才寫了科學的終結（The End of Science）這句話。

　　因為，二十世紀初，愛因斯坦推測了重力波；到了二十一世紀，需要

2000位科學家的努力，才證實了重力波。我們的科學，原創性在哪裡？

裴傑斯出生於1939年2月19日，在出版《理性之夢：科學與哲學的思辨》（*The Dream of Reason*）的當年，他因為在科羅拉多州爬山，一個不小心，因為童年小兒麻痺造成的腿部無力，從山上墜落了六百公尺，四十九歲就過世了。

他在死前，在書上寫到夢到自己墜落；甚至，在《理性之夢》這一本書中，還出現了奇怪的字句，例如「此生也可以說是了無遺憾」等字句。

裴傑斯（Heinz Pagels）和太太伊蓮恩‧裴傑斯（Elaine Pagels）很晚才有小孩。裴傑斯四十二歲的時候，才有第一個小孩，他四十八歲的時候，小孩因為肺炎走了，只有六歲，對他的打擊很大。

在這裡，我特別要提到裴傑斯太太，她在裴傑斯死後再婚，依舊用Pagels這個姓。伊蓮恩‧裴傑斯（Elaine Pagels）是普林斯頓大學宗教學教授，她以希臘文研究上帝對於人類的罪與罰，亞當、夏娃和蛇；她也研究諾斯底主義（Gnosticism）在第一世紀對於基督教的深遠影響。

我好奇的是，小孩和先生的離世，帶給她的痛苦影響，以及她在宗教的救贖。我也努力閱讀她在基督神學的研究。裴傑斯和伊蓮恩都是當代所謂的離經叛道的水瓶座學者，看到他們本人，卻有一種清新脫俗知性的美，尤其是伊蓮恩。在三十多年之後，他們的影響力還在，是不是因為看法超前，所以為當代人所否定？但是，我還是給予他們非常高的評價。

07

推論，如果無法「證誤」呢？

No matter how perfect the crime, as long as people do, there is no solution don't open.

不論多麼天衣無縫的犯罪，只要是人做的，就沒有解不開的道理。

——福爾摩斯

我喜歡看理性的書，例如裴傑斯（Heinz Pagels）在1988年出版的《理性之夢：科學與哲學的思辨》。我也很喜歡看一些看起來不是那麼科學的書，尤其是無法證誤的書。例如，威爾科克（David Wilcock）的三部曲《源場》、《同步鍵》，以及《靈性揚升》。這三本書都有中文翻譯了，共計1300頁，我用搭車、等人、等車，陪小孩玩的空隙時間，在一星期之內，就看完了。

威爾科克（David Wilcock）曾經說，他的三部曲，應該要倒著看，從《靈性揚升：宇宙正邪大戰關鍵報告》（原著出版於2016；中文翻譯版2017年6月），《同步鍵：超宇宙意識關鍵報告》（原著出版於2013；中文翻譯版2014年5月），《源場：超宇宙意識關鍵報告》（原著出版於2011；中文翻譯版2012年11月），這些書的中文版都是400頁以上的翻譯鉅著，我全部當做小說看完了。

威爾科克的意思是，要先看《靈性揚升》（2016），這是他的沉淪

後自我提升的自傳；再看《同步鍵》（2013），這是量子理論現實初探；再看《源場》（2011），這是金字塔等古代科技文明的新詮釋。

我想說，威爾科克是不是看了科幻電影太多了。我們這個世代，是星際大戰世代！1960年代出生的孩子，大多數人小時候都看過了喬治‧魯卡斯的星際大戰的黑武士，魯卡斯又再拍黑武士前傳安納金的小時候到成長階段。電影說，Darth Vader小時候超可愛，但是長大之後變壞了。

我的名字方偉達（Wei-Ta Fang）英文發音，太像是Vader Fang。聽起來，又像是黑武士Vader，又像是毒蛇牙齒Fang。到了美國留學之後，我都要大加解釋，方偉達的原意，是Great Achievement Square，免得美國人誤解我們中華文化的深奧。

如果胡亂詮釋，以西方文化進入到了威爾科克（David Wilcock）的牽強詮釋；邏輯上雖然無誤，但是在文化內涵和語意應用中，完全是西方主義的一種過度於文字上的強行解釋。

例如，在西方懸疑推理小說中，丹布朗（Dan Brown）的小說很容易進入到過度詮釋論，丹布朗也會用西方推理的概念，進入到正邪大戰，衍生出小說的情節。

但是，從西方科技到外太空文明，再到威爾科克《源場》、《同步鍵》、《靈性揚升》的量子跳躍理論，總有一種看科技小說的現實趣味。

「等待」新的證據

威爾科克依據自身的經驗，要將龐大的宇宙體系進行彙整，當然碰到許多困難。首先，人類因為種種限制，目前還沒有辦法進行時空旅遊，更無法確切進行外太空鑑定，所以，他的推論，無法「證誤」。

當然，威爾科克的「同步」這個名詞是榮格（Carl Gustav Jung, 1875～1961）所創。

「同步性」，又翻譯成「共時性」（Synchronicity）。這個「共時性」原理，可以運用在易經卜卦的理論。也就是說，「我想什麼，現時什麼，卜出來的卦象是什麼」。

　　此外，相距已遠的心靈感應；以及對於人事地物的「似曾相識」（déjà vu），都是東方在輪迴理論之中，無法「證誤」的理論。

　　我在這兒說明無法證誤，是因為科學技術還沒有發展到盡頭。很多事情，都需要等待到一定的境界，才能夠「解誤」。所以，我們保持對於發掘事物真實層面的好奇心和彈性，等待可以「證誤」的一天。

　　在科學上，無法證實，只能證誤。但是，連證誤都不可得，只能「等待」新的證據。

　　不管怎麼說，威爾科克有他的詮釋力量，但是基本上我是一個在地球上遙遠的東方的一個小人物。以我們的文化來說，很難信服這些外太空的理論。因為，看起來，我們這些東方人，感覺在宇宙體系之中，更是被遺棄的了一群人呀。讓我們重拾這些東方奧微精妙的文化吧！

量子纏結是科學幻想嗎？

　　二十一世紀初，科學家有興趣的研究為量子纏結（quantum entanglement）。意思是，量子不受牛頓定律的規範，兩個纏結的光子，經過科學家研究之後，2017年6月16日被分發到相距超過1200公里的距離之後，仍可繼續保持其量子糾纏的狀態。愛因斯坦在二十世紀初，不相信這種「鬼魅般的超距作用」現象，因為違背愛因斯坦的理論。

08

你的價值呢？

For science can only ascertain what is, but not what should be, and outside of its domain value judgments of all kinds remain necessary.

對於科學而言，只能確定是什麼，而不能確定應該是什麼，在其領域之外，仍然需要進行各種價值判斷。

——愛因斯坦（Albert Einstein）

2011年我還沒進到國立臺灣師範大學環境教育研究所的時候，我醉心於杜威（John Dewey, 1859～1952）的哲學。我認為布赫迪厄（Pierre Bourdieu, 1930～2002）的文化資本理論，藉由非價格性的「文化資本」，引發出教育的價值。這個「價值」，不是「價格」，不是秤斤論兩。

馬克卡尼（Mark Carney, 1965～）從2020年卸任英格蘭銀行總裁之後，臺灣的維基百科幾乎對他的敘述都停頓了。他是少數在四十二歲，就拔擢到加拿大中央銀行行長主管的位階的世界級人物。他的行蹤我非常注意，他在2021年3月26日出一本書，書名是 *Values: Building a Better World for All*。

我平常在看馬克卡尼的演講，所以非常喜歡他的看法。

馬克卡尼從加拿大中央銀行行長離開之後，到了英格蘭銀行繼續當總裁，他過去是哈佛大學跟牛津大學的校友，在高盛銀行工作了十三年。

在2021年11月第二十六屆聯合國氣候高峰會議，他擔負起最重要的角色，就是全球氣候的財務分析。

我總把這本書想得和馬祖卡托（Mariana Mazzucato, 1968～）《萬物的價值》有關。我透過上海復旦大學生命科學學院教授趙斌的介紹，看過了英文書，如今再看中文書，格外更有心得。在經濟體系的革命時代，我們要如何重新定義市場價值？從永續發展指標的角度來看，我們不能太重視「價格」，應該推崇「價值」的重新計算，重新思考生產者、傳遞者，以及獲利者。

馬祖卡托認為人類應該要重視「價值創造」，將不同類型的資源籌措起來互動，生產出嶄新的商品跟勞務。但是人類不應該重視「價值奪取」，也就是說挪動現存的資產跟產出，從後續貿易中，拿到不成比例利益的活動。講白一點，馬祖卡托很討厭「炒股者」、「漏稅者」和「尋租者」。三年之後，更震撼的一本書出來了，那就是馬克卡尼的書。我覺得馬克卡尼在思考個人最有價值東西時，他提出的是公平健康跟權利保護，以及自然多樣性。身為一個經濟及商管人，我覺得他的視界，比許多商學畢業的世界領袖，要卓越多了！但是，我們在二十一世紀隨著新冠肺炎疫情不斷的演變，這些我們原來擁有的價值，都逐漸喪失了。我很遺憾的是英國的脫歐，沒有聽從馬克卡尼的意見。

馬克卡尼的眼光精準，曾經協助加拿大度過2008年金融風暴。他認為，人類要建立的不是基於市場價值，而是基於人類價值的經濟社會。我們的世界充滿了人類收入和實質機會的不平等。種族主義、世界疾患帶來的風險。我們已經對於政治人物和專家的不信任。

價格決定了一切的價值？

因為全球暖化造成的融冰現象，已經讓2021年初造成極端的酷寒現象，形成氣候變化的生存威脅。

隨著人工智慧技術的興起，人類社會越來越脆弱，數字經濟下，弱勢

就業面臨嚴重的考驗。馬克卡尼認爲，這些基本問題以及其他類似問題源於共同的價值觀危機。在過去十年的動盪中，馬克卡尼認爲，市場經濟逐漸演變爲市場社會，最慘烈的爲，「價格決定了一切的價值」。

但是，當我們思考作爲個人最有價值的東西時，我們可能會列出公平、健康，我們的權利保護，而不是一堆財富和權勢。我們爲什麼沒有考慮自然多樣性和社會資源？這些都是我們曾經最珍視的價值。我想他要建構的是我們的人類價值觀，這是我們爲子孫後代建立價值的一切核心。他從四個部分，剖析人類應該注意的價值：

1. 從道德情操到市場情緒（From Moral to Market Sentiments）。
2. 從信貸危機到復原力（From Credit Crisis to Resilience）。
3. 從新冠危機到復興（From Covid Crisis to Renaissance）。
4. 從氣候危機到眞正繁榮（From Climate Crisis to Real Prosperity）。

我覺得馬克卡尼畢竟是經濟學者，而不是心理學者。如果從德國哲學家普列希特（Richard Precht, 1964～）的觀點來看，人類爲什麼在「獲取財產」中，可以「實現自我」？但是在二十一世紀獲取是比擁有本身更爲重要嗎？從信貸危機來講，人類都希望擁有未來，也能夠規劃未來，但是卻不能「保證未來」。因爲人類都把未來想的太美好。我們認爲人類擁有與獲取，對於爭取資源的慾望跟情緒，目前的研究始終不多。

人類想要過去「擁有」，才會有這麼多的價格。不需要的鑽石、不需要的黃金，不需要的貂皮大衣，不過就是「自我延展」。但是，今天的獲取包括形象的取得，是工業化社會裡面最重要的快樂來源，所以如果馬克卡尼想要了解爲什麼人類重視「價格」，而不重視「價值」，那是因爲人類還沒有「學會失去」。

我們失去的是生存的空間，乾淨的空氣，乾淨的水，以及乾淨的食物，甚至健康和生命。

09
你的行為合理嗎？

Reason has built the modern world. It is a precious but also a fragile thing, which can be corroded by apparently harmless irrationality.

理性建立了現代世界。這是一件珍貴但又脆弱的事情，顯然無害的非理性可能會腐蝕它。

——道金斯（Richard Dawkins, 1941～）／英國演化生物學家

2017年諾貝爾經濟學獎由美國芝加哥大學教授賽勒（Richard Thaler, 1945～）獲得。但是，我對於媒體封他為「行為經濟學之父」有點意見。因為2005年諾貝爾經濟學獎得主謝林（Thomas C. Schelling, 1921～2016）早已於2006年出版了《微觀動機與宏觀行為》（*Micromotives and Macrobehavior*）。謝林深入討論了行為經濟學，這位哈佛大學經濟學博士的資深教授，在2016年以九十五歲高齡病逝於馬里蘭。

坦白講，自從凱因斯經濟學以擴大經濟利基，通過統治階級的全盤治理，產生新經濟的模式，這一種模式和將人類視為生產機器的共產主義，其實有不謀而合之處。

在經濟大蕭條時期，人類經濟是要透過國家干預，強化就業，創造人民和國家的資本利得。然而，我在《期刊論文寫作與發表》中認為：「馬克斯採用歷史決定論的學說，通過物質經濟生活條件，來說明一切科學發展的歷史。但是，馬克思是從辯證唯物主義中得知物質科學，他採用歷史唯物主義，認為歷史進程由生產關係和階級關係構成，並且以機械性原

理，解釋社會歷史規律的成因，卻無法解釋人心自私自利的成因。他也無法預測，後世採用他的理論，發動了腥風血雨的流血革命，造成人類歷史中最大的生靈浩劫。」

簡單來說一句話，這一種「機器主義」用來說明人心，過於簡化！

此外，在2008年國際金融風暴之後，證實了凱因斯學派不是避免經濟末日的萬靈丹。小布希和歐巴馬都以企圖採用公共工程或是大量政府財政挹注，企圖解救美國的經濟，證實都失敗了，才有川普主義的興起。於是，這幾天我看到複雜理論之說，覺得很多經濟學的東西，都是可以掃到歷史的灰燼當中，教科書的經濟模型，參考就好了，不一定要盡信。

我的疑惑逐漸獲得解答。直到2005年諾貝爾經濟學獎得主謝林在2006年所撰寫的《微觀動機與宏觀行為》，中文翻譯本在2008年出版。

這一本書似乎為環境經濟學上所說的「囚犯的兩難」理論，說明了經濟學中最不容易觀察到的行為模式和人類心理所產生的巨大影響。這也是臺灣經濟學者吳惠林所說的「理性的個人、盲目的群眾」。這一種集體歇斯底里和漫不經心的集體意識，導致了2008年的金融海嘯，同時產生了2020和2021年新冠肺炎的蔓延問題，造成了全球經濟震盪。所以，我不覺得賽勒是第一位研究行為經濟學的學者，反而我覺得謝林的《微觀動機與宏觀行為》，透露了更多經濟學的「非理性行為」，或是「有限理性行為」。

你是賭徒嗎？

至少，在現代「非理性行為」的經濟學研究，已經成為了顯學。經濟學已經不是採用平衡關係來探討經濟問題。我在生態學也看到了這個趨勢，過去強調熱力學定律的平衡關係，但是，隨著熵數的增加，所有的一切現象，產生了種種不平衡關係，顯現更為磅礡壯闊的宇宙「混沌」狀態，這些都不是渺小人類所能目睹的世紀壯局。

於是，過去在大學中的教科書，我記得我是念過經濟學的，我的科

系的英文名稱叫做「土地經濟行政」；但是，我過去念的經濟學中，大多是古典經濟，最多談到一點凱因斯經濟。後來畢業之後，我發現我不需要受到古典經濟學，甚至牛頓式「物理經濟學」的理論所操控或是制約。於是，我閱讀了賽勒所談的「有限理性」，或是賽勒所說的「贏家的詛咒」。

他認為，「贏家的詛咒」（The Winner's Curse），是賭徒孤注一擲的概念。我想說得是政治的應用，政客會孤注一擲，押在賠率最大的政治標的。因為他們在「執政」之後，會執著一種「起事前」落伍的意識形態。因此，不管是經濟還是政治，不理性的行為，都會影響深遠的決策。

我後來發現他所談的「一無所有的人，承擔風險的意願格外地高」，反正已經是一無所有，為什麼不勇敢一搏，賺取人生的希望？

我覺得這些都是有趣的理論。因為我當年在美國拿到博士，可以說回國之後，是一無所有；回到臺灣，申請了三十幾個科系都遭到拒絕，這不是實踐賽勒理論最好的方式嗎？

因為，輸家不會有詛咒。

我開始和臺灣島內所有的大學科系，開始賭博，反正申請一所大學的教職，需要花費新臺幣二萬元，以及我的印製一個學校要十幾本申請審查資料彩色印刷本的製作時間。這是一種賭注，就賭賭看吧！總是申請三十多次，總有賭贏的時候。

從賽勒的「有限理性」、「社會偏好」、「贏家的詛咒」和「缺乏自我控制」，我擷取我所要的，但是放棄真正金錢的賭徒模式，而是後來在當上大學教師之後，開始在期刊投稿之中，專心一致，成為花費時間，進行期刊產出的時間風險投入，大學教師需要以國外期刊當做是一種生活中的賭注，才能夠在大學校園生存。

但是，我不想變成「期刊賭徒」，但是被國際期刊退稿十次八次，這種生活模式，已經成為常態，我也樂此不疲；到了2021年，一年之間我發表了12篇SCI/SSCI期刊，平均一個月一篇。

10
人真的理性嗎？

The reasonable man adapts himself to the world; the unreasonable one persists in trying to adapt the world to himself. Therefore, all progress depends on the unreasonable man.

理性的人改變自己適應世界；不理性的人試圖改變世界順應自己。因此，所有進步都依賴不理性的人達成。

——蕭伯納（George Bernard Shaw, 1856～1950）／英國劇作家

這些年來，我看了一些心理學的書。例如，哈佛大學教授貝納基（Mahzarin Banaji, 1956～）寫的《好人怎麼會幹壞事？我們不願面對的隱性偏見》（*Blindspot: Hidden Biases of Good People*）。我返回母校哈佛大學時，還特別到心理學系找貝納基教授。

此外，哥倫比亞大學盲人教授艾恩嘉寫的《誰說選擇是理性的：揭露選擇背後的真相，轟動學界與商界的經典之作》（*The Art of Choosing*）。還有芝加哥大學教授艾普利《為什麼我們經常誤解人心？芝加哥大學行為科學教授揭開心智運作》（*Mindwise*）。

但是，我是不會相信這些教授的一面之詞的，我也看了非主流性的研究，例如亞歷桑納大學教授肯瑞克《誰說人類不理性？基因演化比我們想得更聰明》（*The Rational Animal*）。

這些科普書，都豐富了我的見解。

當然，2017年諾貝爾經濟學獎得主賽勒在群雄環伺之下，終於獲獎。他所談的「有限理性」比較保守的，也比較不會遭致反對派教授的批判和圍剿。賽勒是個有趣的人，我發現他的書在臺灣出版的《不當行為：行為經濟學之父教你更聰明的思考、理財、看世界》。

標題很聳動，內容也很有趣，這是一本相當科普的書。

我想，人類總是追逐新聞，追逐英雄，追逐新的救世主。新聞不死，經濟學不死；當經濟學注入新的生命的時候，納入了環境保護、人類心理，更添增了經濟學的那一種早已失去的人味。

理想與現實之間

不管從氣候變遷、醫學、食品、心理，以及到社會科學的角度來看，我們要解決的問題，應該具備臨床、社會，或是經濟的研究意義和貢獻，並且要評估的假設必須包含可以準確測量的結果。2021年10月，諾貝爾物理獎首次頒給了氣候科學家：眞鍋淑郎、哈斯曼、帕西里，因為他們打造物理模型，預測全球暖化。

科學家定義研究設計，包含了母群體抽樣、隨機化、採取干預措施、結果測量，以及最後分析等，以針對假設，進行眞實評估。

在研究行為的實踐中，這才是理想與現實之間，最佳的折衷方案。

學術的競爭，都是一步一腳印。我們需要攜手努力，才能夠彌補理想和現實之間的鴻溝。

1968年，美國社會學家莫頓（Robert Merton, 1910～2003）提出馬太效應。他說：「相對於那些沒有名氣的研究者，有名的科學家通常得到更多的名聲。得獎的，都是最資深的研究者，即使這些工作都是研究生完成的。」

除了E ≡ mc²，愛因斯坦還有一個很著名的公式A = X + Y + Z。

A：成功（achievement）

X：正確的方法（The correct method）

Y：努力工作（Hard work）

Z：少說廢話（不浪費時間）（Talk less）

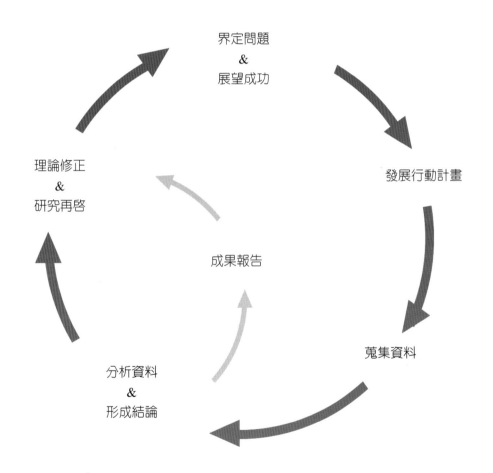

第八章

迎向未知的領域

人工智慧（Artificial Intelligence）
AI的對抗

The development of full artificial intelligence could spell the end of the human race.

全面人工智能的發展可能標誌著人類的終結。

——霍金（Stephen Hawking, 1942～2018）／英國物理學家

人工智慧（artificial intelligence, AI）在自然科學界有其一席之地，但是在人文社會科學界，從人工智慧到大數據分析，引起的爭議波濤不斷。我認為，大數據分析是人工智慧最後提升人類欲望的一種想望，也是人類想要朝向一種無所不知的企圖。

但是在計算數據不斷更新的這一刻，我看到的是文科人的焦慮。2016年哈拉瑞（Yuval Harari, 1976～）在寫《人類大命運》的時候認為，大數據時代的發展形成了一股數據主義，這種數據主義的信仰，想要透過「數據上帝」（digital God）的眼和手，透過人類發展的手機、電腦、網路、資料庫進行人類行為資料數據的蒐集，藉由評估、判斷，以及預設人們的行為。

在討論AI、大數據這一股風潮，我們重視的是其中的人類集體智慧的討論。然而，就在人文學科與電腦科學之間，在學科分化、異化，以及

決裂之後，自然科學界崇尚「科學、技術、工程、數學」（STEM）的學習，鄙視人文學科的刻板印象，都是可以在數位科技業看到的現象。

我在《人文社科研究方法》中，也談了很多的例子。例如，昇陽電腦共同創辦人柯斯拉曾說：「人文科系今日教的東西，很少與未來有關。」最後，數位人文異化了人類原有個體的珍貴特性，忽視了道德、信念，以及文化對人類進行決策的影響。將「集體人類」視爲資料、數據的效用累積，這一股大型數據資料庫，僅形成了社會物理學（social physics）的分支。麥茲伯格在《意義建構：人文學科在演算法時代的力量》（*Sensemaking: The Power of the Humanities in the Age of the Algorithm*）也痛批，人文學科採用傳統的定性分析研究經費相當少，在美國人文學科研究經費僅相當於自然科學和技術的研究經費的0.5%。

然而，人文社科要建立的典範是什麼？我們從創新破壞的《科學革命的結構》和《創新的擴散》推波助瀾的時代，人文社科學者喜歡的是研究過程的「生、住、異、滅」、「成、住、壞、空」，從結構討論到功能，這些功能隨著時間產生變異之間的現象，而不再有興趣研究經濟學和宗教界所探討的終極實象的均衡（the reality of equilibrium）和永生境界（eternal realm）。

也許，AI在人文社科的研究中，是一種存在主義、詮釋主義，以及解構主義加速創新思惟的發酵。在社會科學中，已經呈現了不立基於單一領域和學說，不強調僵化的意識形態，早已邁向多重領域的「百花齊放」眾說紛紜的時代。

新科舉＝I級期刊＋人工智慧？

如果現在的教授，我通稱爲仕子吧！仕子發表後蒐集了SCI和SSCI等I級期刊名錄越多、期刊點數（Impact factor）越高，則時間都花了，

爆肝率越高，憔悴率越高，則學界影響越小，社會影響（social impact）越小，學界與社會越脫節，則仕子個人、學界、國家的國際地位的聲譽（reputation）越小，仕子也越自私，眼界越小，滿眼全都是SCI和SSCI。

所以，剛入學界的朋友，請勿試玩期刊，在發表的時候，請順其自然，勿忘教育的初衷。

我年紀大了，過去年輕念大學的時候，激憤寫下：

科舉之害，甚於焚書；聯考之害，甚於坑儒。

甚至寫下：

千年科舉十年夢，一朝魚躍登金榜；古來擎天闢地臣，何曾屢見狀元郎？

我寫了一個公式。

新科舉＝I級期刊＋人工智慧（Artificial Intelligence, AI）

PS：I級期刊（臺灣評估學界方式）、AI（臺灣評估界學＋產業界合作的方式）

To be or not to be, this is a question.

所以，我們除了要這一種AI（Artificial Intelligence）之外，更需要的是另外一種AI，也就是聯合國主張的UN AI，也就是學界影響（United Nations Academic Impact, UN AI）的責任和義務。聯合國學術影響工程（UN academic impact, UN AI）是依據下列十項基本原則。這些原則，都是社會和國際的服務，我們需要履行學界的義務，不要限縮於「生而為人工智慧」，而是要成為「生而為人」的價值。

「生而為人」的價值

1. 要對聯合國憲章本身的原則承擔義務，也就是重視通過教育以求提升和幫助實現這些義務。

2. 要對人權承擔義務，包括知情權、言論自由權、觀點自由權等。

3. 要對所有人，無論何種性別、種族、信仰或民族，有受教育之權利承擔義務。

4. 要對那些渴望掌握必需的知識和技能的個人提供高等教育的機會承擔義務。

5. 要對全球建立高等教育系統人才能力構建承擔義務。

6. 要對通過教育鼓勵世界公民承擔義務。

7. 要對通過教育推進和平與解決爭端承擔義務。

8. 要對通過教育解決貧窮問題承擔義務。

9. 要對通過教育推進永續發展承擔義務。

10. 要對通過教育推進不同文化間的交流對話和理解，忘卻對於不同文化的不容忍。

02

人類的困境

Religion is, by definition, interpretation; and by definition, all interpretations are valid. However, some interpretations are more reasonable than others

根據定義，宗教是解釋；根據定義，所有解釋都有效。但是，某些解釋比其他解釋更為合理。

——阿斯蘭（Reza Aslan, 1972～）／伊朗裔美籍宗教研究學者

來世的解脫，不如現世的解脫。如果真有來世，佛陀在世的供養是如此貧乏，基督甚至以身殉道，祂們現世都夠苦了，所謂來世可期，而且令人敬佩，到現在都有人膜拜。但是有人現在貪圖現世的供養，接受信徒供奉，將名祿利養在這一輩子都花完了，甚至將好幾輩子的供奉都花完了，他們沒有永續的概念，只有耗盡現世福報的概念，甚至耗盡來世好幾輩子的福報。

來世可以說，真的不知道該怎麼說！

「是非原無定，善惡本有因」。

在現世中聽到的來世福報，都很可疑。沒有積極行善，改變磁場，想要改變這一世，甚至下一世（如果有的話），都是緣木求魚。

供養上師不能解決問題，根本上，信徒行善不夠，只是供養上師，會增加上師貪圖名物慾養的業障，只是造業。越是貧窮精進的上師，越常閉

關，越常思索人類困境的上師，越常協助貧窮的信徒，離苦得樂。

越是安貧樂道的上師，力道越強；越是積極行善，改變自身磁場的上師，力道越強。

二十一世紀的未知

目前基督教和佛教的教義完全不同。兩千多年來，沒有人類能夠解決這個問題。但是，基督教和伊斯蘭教，所信奉的眞主耶和華是同樣一位造物主。

人類在沒有面臨死亡之前，無法得知，基督教和佛教所說，人類的最後去處，到底在哪裡？

那些理論是眞實不虛的？因爲東西方的教義，完全不同，各執一詞，互不相讓。

在二十一世紀，佛教和基督教要解決三大科學的難題，大腦科學、宇宙科學，以及生命科學，需要帶動永續發展。

這是宗教界和哲學界的使命了，因爲科學家已經很難提出一套大家都能夠信服的科學宗教理論了。

因爲歷史上說，除了耶穌基督，沒有人能夠從死亡那一頭，回到人世。我也想聽說，佛教的說法。從死亡的彼岸，回到此世。這需要大家攜手努力，共同找到答案。我能夠斷言，科學家是無法找到的。

此外，科學家說，宇宙是大霹靂產生的。那麼，大霹靂之前的時間呢？科學家說，沒有時間。眞的是莫名其妙的二十世紀的舊有物理學理論，把大家當傻子耍。害我在之前的SSCI期刊還引用過，我懺悔；因爲這個理論要修正了。

物理學界探討的「量子纏結」（quantum entanglement），值得研究。這是粒子之間的一種交互作用，當對其中一個粒子作用，另外一個粒

子即使距離非常遙遠，也會受到影響。也就是學習共變性，學習到共時性（synchronicity）。我的想法，一定有人也這麼想，我不會寂寞；其他孤寂的個人，也不會寂寞。

一個孤獨的量子，一定可以找到可以共變的量子。

最近，我看的都是一些終結的書，例如，哈里斯（Sam Harris, 1967～）寫的《信仰的終結》（*The End of Faith*）、或是福山（Francis Fukuyama, 1952～）寫的《政治秩序的起源》、《政治秩序與政治衰敗》，我記得之前福山也寫過《歷史的終結與最後一人》（*The End of History and the Last Man*）。福山是杭廷頓教授在哈佛的學生。從年輕的時候，一直看著杭廷頓（Samuel Phillips Huntington, 1927～2008）《文明衝突論》。

一九九〇年代，三軍大學戰爭學院一直以杭廷頓的著作為研究對象，我也跟著父親在閱讀。至於，在宗教方面，西方世界有新無神論四騎士的論述，包含了包含丹尼特（Daniel Dennett, 1942～）、道金斯（Clinton Dawkins, 1941～）、哈里斯（Sam Harris, 1967～），以及希欽斯（Christopher Hitchens, 1949～2011）。上述的學者我研究了一下，研究生物化學、大腦科學的學者居多。

03
科學真的終結了嗎？

The key is not to confuse myth and empirical results, or religion and science.

關鍵是不要混淆神話和經驗結果，或是宗教與科學。

——阿爾文（Hannes Alfvén, 1908～1995）／瑞典電漿體物理學家

西方世界新無神論四騎士，包含丹尼特、道金斯、哈里斯，以及希欽斯（Christopher Hitchens, 1949～2011），都是在知名大學中任教的教授，而且，都是牡羊座的博士。我很想研究一下，牡羊座的人，是否比較沒有信仰（**牡羊座的朋友不要打我**）。

我也請我學生參考基督信仰者的科學性論述，例如，基特、康普頓所寫的《化解創造與演化之爭》，進行環境友善行為的論述，這些書我大抵都看了一遍。

我盡量地將丹尼特、道金斯、哈里斯，以及希欽斯的書看了一遍，例如，道金斯《自私的基因》等書。後來，我又將耶魯大學教授卡根（Shelly Kagan, 1956～）的書《令人著迷的生與死》（Death）翻了一遍。看過一遍之後，我不擔心《信仰的終結》，我比較擔心的反而是「科學的終結」（The End of Science）。

二十一世紀三大主流科學，大腦科學、宇宙科學，以及生命科學。

以宇宙科學來說，從愛因斯坦的相對論，到量子科學的平行宇宙

（multiverse或meta-universe）、弦理論、超弦理論，物理開始變成玄學，很多事物，不可量測，只能玄談，也失去科學的意義。這些理論屬於哲學的範疇，不能完全算是科學，也無法獲得實驗證明。談理論物理的書，看起來像是科幻小說。

至於最近最夯的大腦科學，我們以功能性磁振造影（fMRI）知道大腦在血液和氧氣運作的部位，但是我看了之後，還是不知道心智（mind）和認知，怎麼來的？也就是說，「我」（Self）是怎麼來的？我在《節慶觀光與民俗》提到，所有的科學家都不能告訴我們說：「人類的認知，是怎麼來的？一夕之間，人怎麼就變成人了？」六、七萬年前，當人類思維出現在地球之時，一夕之間，人類就有了認知，人類在地球旅居這一段時期，開始對於夕陽西下，感慨時光不再；開始思考：「我是誰？」「誰造了我？」「是不是人都會死？」「那，（開始驚懼、害怕，睡不著覺）……，我會不會死？」然後，遑遑不可終日，套句最後卡根（Shelly Kagan, 1956～）的書《令人著迷的生與死》（Death）的答案是：「我一定會死。」

我們也知道神經傳導物質，包含血清素、多巴胺、正腎上腺素，和八個基本情緒，如羞辱、遇險、恐懼、憤怒、厭惡、驚喜。當血清素、多巴胺分泌時，代表愉悅；當血清素、多巴胺、正腎上腺素分泌時，代表興奮，但是我們不知道感知到的本體，也就是「我」（Self），是怎麼來的，是誰在感覺這些情緒？也就是說，我的意識和心智，是怎麼來的？

人類存在的意義

我的學生對於地方感（sense of place）感到興趣，我建議他看段義孚（Yi-Fu Tuan）的書，一方面建議他看《戀地情結：對環境感知、態度與價值》（*Topophilia: A Study of Environmental Perception*）、《經驗透視中

的空間與地方》（*Space and Place: The Perspective of Experience*）、《撕裂的世界與自我：群體生活和個體意識》（*Segmented Worlds and Self: Group Life and Individual Consciousness*）、《逃避主義：從恐懼到創造》（*Escapism*）等。

我看過《逃避主義：從恐懼到創造》（*Escapism*）、《恐懼》（*Landscape of Fear*），非常好看，我最有興趣是段義孚對宗教的描寫。最近，大腦科學進入了宗教的範疇，開始研究心智（mind）。

在生態學界，威爾遜（E.O. Wilson, 1929～）寫了一本書：《人類存在的意義》（The Meaning of Human Existence, 2014）。

我總覺得我看了威爾遜的東西，我就想要批判。從威爾遜和麥克阿瑟推導的島嶼生物地理概念，那一個小小的公式，我的博士論文花了很長的時間，將他的理論結合到景觀生態學理論，進行整合性運用，我說他是見樹不見林，我運用類神經網絡進行生態學上非線性的串連。所以，我對他的批判，是有點傷感的。

威爾遜（Wilson, 2013）在PNAS批判總括生殖成就理論（inclusive fitness theory），覺得用線性迴歸太簡單。事實上，全世界很多東西，都不能用線性迴歸去算，應該採用非線性方法，這一點，從全球大演算、大數據的分析書越來越多，可以看出端倪。

此外，他用多層次擇汰（multi-level selection）去碰撞道金斯等人所提的《自私的基因》，提出「個人利己」、「團體利他」兩者並存的概念。

簡單來說，「團體利他」就是蔣中正所說的「生活的目的在創造人類全體之生活」。「個人利己」也就是蔣中正所說：「生命的意義在創造宇宙繼起之生命」。

這個論點，現在看來也是稀疏平常；因為我們從小大禮堂就張貼這

兩句蔣公的名言。因此，威爾遜和道金斯《自私的基因》的無神論觀點，越來越遠，也就是說，兩者都強調演化論，但是無神論中的四騎士（道金斯、丹尼特、哈里斯、希欽斯）（四位牡羊座的學者）所提的論點，更加和形而上學的知識論無涉，只談經驗論述。我對於他們的論點，興趣不大，他們的宗教論述都是早已經知道的經驗，這些論述圍於個人經驗，實在沒啥好批判的。此外，無神論的論述，還涉及到西方二元對立宗教和科學的鬥爭。只是，我有興趣的為以上四位牡羊座的鬥士，為什麼是無神論的非神模式，以及背後的學思歷程和思考模式。難道是星座影響的關係嗎？

04
傷感的困惑主義

Night brings out stars as sorrow shows us truths.

悲哀向我們展示了真相，黑夜帶出了星星。

——貝利（Philip James Bailey, 1816～1902）/ 英國詩人

從馬克思（Karl Marx, 1818～1883）的辯證唯物主義中得知，他可以解釋歷史的成因，卻無法解釋人心的成因。從牛頓（Isaac Newton, 1643～1727）的機械論，到愛因斯坦（Albert Einstein, 1879～1955）的相對論，也無法解釋目前的微觀世界的量子世界，狂亂而有秩序。但是這些世界，背後的主體是什麼？2021年諾貝爾物理學獎得主眞鍋淑郎談到氣候變遷的「懷疑論者」，他說：「這問題比氣候變遷難上百萬倍，對我來說，這仍是個謎。」

這是一種傷感的困惑主義。

坦白說，威爾遜的《人類存在的意義》書名太誘人，但是我看了書，還是很失望，因爲他對於心智（mind）的神經科學研究太過樂觀，再來，他的研究從經驗論探索，在知識論和形而上學（存在與實有）的論述不多。

因此，我從他的書中，還是不能夠完全理解人類存在的意義。

從無神論左邊的光譜的書，如哈里斯的《信仰的終結》到有神論右邊光譜的書《化解創造與演化之爭》，書單如下：《信仰的終結》、《信仰的未來》、《上帝的語言》、《化解創造與演化之爭》、《創造與進化》，這些書都是好書；但是，我的困惑還在。

從心智（mind）研究到卡根研究：《令人著迷的生與死》，或是談

論量子物理在心智上的研究，我看的書雖然不多，算是不太愛讀書的人吧，但是也涉略一二。

再來，從大腦科學研究人類的心智《解開生命之謎》這一本書，也不能告訴我這些科學如何展現心智，或是告訴我說，人類存在的意義和價值在哪裡。

我尷尬的笑笑，我看的書太少。

怪不得，我看過上個世紀的哲學，印象之中，只留個「存在主義」。到了最後關頭，如果談到人類存在的意義和價值，我大概只記得張載（1020～1078）說過：「為天地立心，為生民立命；為往聖繼絕學，為萬世開太平。」

從「人類主義」到「後人類主義」？

2017年天下文化發行了哈拉瑞的《人類大命運：從智人到神人》（*Homo Deus: A Brief History of Tomorrow*）中文版。

我在《環境教育》談到，哈拉瑞提及二十一世紀的人本主義（humanism），討論了「長生不死」、「幸福快樂」，「化身為神」的二十一世紀主流人本思想。我剛看到了時候，產生了厭惡感，哈拉瑞什麼時候變成了唯物主義的大腦科學者？以上談的「長生不死」、「幸福快樂」，「化身為神」，是一種人類高度仰賴科技，自我膨脹的一種說法。

這些想法，和道家思惟很像，都是渴望靠著藥物和修煉昇天，只是道家講求精、氣、神的修煉方式，和唯物論的大腦科學主義者「置換器官、喝藥自嗨，運用科技」，所換取的「長生不死」、「幸福快樂」，「化身為神」方式不同，但是其實最終的目的是相同的。其實，理論並不陌生，在中國傳統來說，這種自私自利的利己思惟，已經流傳甚久。

上述這些見解比他在《人類大歷史：從野獸到扮演上帝》（*Sapiens: A Brief History of Humankind*, 2014）的大開大闔中的大知識（gland knowledge），遜色很多。但是，當我看到第314頁的時候，我開始對他的建構理論產生了巨幅改觀。他真的是一個導演運鏡型的大學者，剛開始扯東扯西，看似沒有條理，但是主線慢慢釐清了，他不是人本主義擁護者，我才感到安心一些。

在中文版314頁，我看到他終於提到我很喜歡的一個單字，post-humanist。我自己是將這一個單字post-humanism翻譯成「後人類主義」，因為，人本主義，已經落伍了；人類主義也不妥，該是「後人類主義」上場的階段了。

我在2016年刊登的國際期刊中，採用了post-humanism這個單字，當時我就有一種感受，「以人為本，自爽自嗨」的時代，是不是該淘汰了。

衛報記者解釋他的書名Homo Deus: A Brief History of Tomorrow。Deus這個字緣起於拉丁語片語Deus ex machina，意思是在困局中，突然從冒出一個大神，以大能力解救一切危難。但是，這是不可能的。但是，哈拉瑞隱喻，即使部份人類因為醫藥科技的發展，轉變成Homo Deus，還是有大多數的人處於Homo Sapiens的階段，當人工智慧又凌駕了Homo Sapiens的智慧，世界的不公平性又大幅度展開。所以，哈拉瑞覺得當人工智慧席捲未來世紀，未來人類接受教育，這些教育的效能（efficacy），很快就失效了。這是殘酷的演化過程嗎？

看了哈拉瑞的書，對於人類最終命運，還是一頭霧水。但是我很喜歡他的推導過程，像是欣賞一部電影的運鏡，相當氣勢磅礴。我最喜歡的結論是，後人類主義的說法，推翻了人類主義或是人本主義的專擅，開始考慮到其他智慧生命的物種，這是一種進步。也是回應到我發表過的期刊，考慮「超越人類之外」（後人類主義）思考的倫理，認為人類應該與自然共存，享有互惠互利的關係。我的意思是，除了應該考慮人類之外，應該考慮其他非人類和人類關係的時候到了。

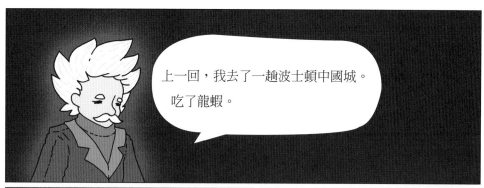

上一回，我去了一趟波士頓中國城。
吃了龍蝦。

莫思因吃了龍蝦大快朵頤的樣子。

莫思因打開幸運餅乾，抽了籤。

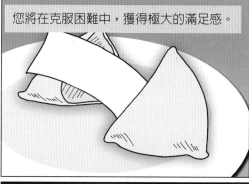

您將在克服困難中，獲得極大的滿足感。

唉！不可知的論點。

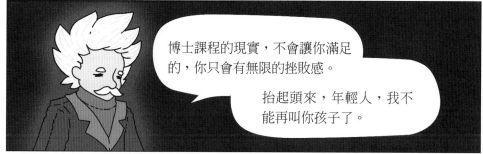

博士課程的現實，不會讓你滿足的，你只會有無限的挫敗感。

抬起頭來，年輕人，我不能再叫你孩子了。

尾聲

Tell me and I forget. Teach me and I remember. Involve me and I learn.

告訴我知識，我會忘記；教導我知識，我只會記得；讓我深入其中，我才真正學到知識，並且能夠運用。

　　——富蘭克林（Benjamin Franklin）／出生於美國麻塞諸瑟州波士頓的美國開國元勛

　　傑克・莫思因（Dr. Jack Mersin）在2021年4月清冷的美國麻塞諸瑟州劍橋市，翻來覆去一直睡不著。他先想這學期不能再收博士生了，他的手上還有一位博士生魯卡斯・桓問（Mr. Lucas When）畢不了業。

　　夸克・莫須有（Dr. Quark Mershyou）在寰宇大學董事會的強力運作之下，當上了全球系統修復工程和管理學系系主任。校長早已經決定，裁併他一手打造的全球暖化研究所。到了2021年2月，已經沒有全球暖化研究所了。但是，莫思因的得力助手魯卡斯・桓問這學期想要辦休學，這該如何是好？

　　在寰宇大學，頂尖教授通常在十年之內，可以收到5個博士生，但是莫思因在全球暖化研究所最鼎盛的時候，收到過十位博士生，簡直是異數。

　　收學生歸收學生，但是能夠畢業的，僅是鳳毛麟角。念博士和博士畢業的出路，打擊了莫思因教授的信心，這是一條不歸路呀！

　　再說，川普總統時代（2017～2021）針對全球變遷研究的打壓，氣

候暖化的研究經費，逐年遞減，到了2021年研究經費已經是捉襟見肘，也都不夠用了吧。

莫思因教授翻過身，又想，劍橋市在這個冬天已經冷到不行。隔著查理士河（Charles River）的彼岸，波士頓市，還是乍暖還寒吧。

有全球暖化嗎？

傑克一直在心裡想。

六個月後，第二十六屆聯合國氣候高峰會議（COP 26）在2021年11月展開，130位國家元首在蘇格蘭格拉斯哥討論全球暖化。只有少數富裕國家，願意撥出資金，幫助貧窮國家面對氣候災害。

傑克‧莫思因在國立新北大學論壇評論峰會，他認為：「會議是否成功，變得不確定。」他在臺北接受韓國廣播公司（KBS）的越洋訪問時，向韓國記者說。

附錄一
解釋名詞

中文名詞	英文名詞	定義和解釋
研究院	academy	希臘哲學家柏拉圖（Plato，大約424～348BC）於西元前387年在雅典附近的Academos建立「Academy」，教授哲學、數學、體育，被認為是歐洲大學的先驅。這個詞源於雅典英雄Akademos。在雅典城外，柏拉圖為獻給智慧女神雅典娜的學習，設計了花園。柏拉圖和追隨者交談，並且將課程發展成為一種哲學教學方法。
行動研究	action research	行動研究是參與干預性的社會研究方法，介入實際情境，對當前事務中獨特問題的探究以有系統的步驟與方法來發現問題，並且試圖解決行動介入時，所可能發生的問題。
建構研究	constructive research	建構研究是常見的科學研究方法，係為一種無需經驗得到證明形式的一種驗證。這種研究可以開創新的理論、算式、模型、軟體，或是架構。研究者需要檢驗以上的內容，並且提出問題的解決方案。
脈絡研究	contextual study	脈絡研究係研究「上下文」、「語境」的研究。研究者在整體環境中，探討因果關係、環境氛圍等內涵，探討根本性的影響事件本身的前因後果。脈絡研究需要觀察行為或提出問題，以了解研究主體的動機、想法，以及價值觀。因此，背景研究也是脈絡分析中，非常重要的一環。

中文名詞	英文名詞	定義和解釋
批判性思考	critical thinking	批判性思考係指透過檢證事件形成的真偽，藉以判斷真實內涵的思考模式。批判性思考針對任何主題、內容或議題，以理性、懷疑、無偏誤的思惟模式，基於事證的透徹分析，以提高自我思惟的品質。
論述分析	discourse analysis	論述分析係為在語境中分析「話語」和「篇章」，包含了口語、文字表達、手語傳播、肢體語言等不同的人類意識及潛意識的評估及探究。
實證研究	empirical research	實證研究通過直接和間接的觀察、調查、體驗或是經驗，藉由量化或質性分析方法，以進行證據之蒐集。研究者進行假設，藉由歸納法和演繹法，推估可能的證據，以測試解決方案的可行性。
民族誌	ethnography	民族誌研究係為通過實地考察提供對人類社會的描述研究。民族誌呈現一種整體性的研究方法，進行地區、民族、族群、家庭，甚至個人描述之文字書寫和紀錄報告。
探索研究	exploratory research	探索研究主要針對概念性問題提出初步構想，以尋求採取後續更為嚴謹之研究方案。探索研究之形式，包括文獻回顧、二手資料分析、非正式訪談、小組座談、案例分析，以及調查試驗研究，藉以協助研究者識別和定義問題。
譜系研究	genealogical research	譜系研究採用官方和非官方的歷史記錄來追蹤個人的祖傳歷史，例如：人口普查記錄、重要記錄（出生證明、領養記錄、死亡證明、結婚和離婚記錄等）、登報啓事（出生、結婚、訃聞）、遺囑、土地登記／建物登記紀錄、移民和籍貫記錄，進行家族紀錄。譜系學者根據代代相傳的個人往來紀錄（信件、日記、卡

中文名詞	英文名詞	定義和解釋
		片）、文物、照片、族譜、縣志、鄉志，以及口述歷史，進行彙編個人家族歷史。
扎根理論	grounded theory	扎根理論係為研究者在研究開始前，並未進行理論假設，直接通過實際觀察進行資料蒐集、分析，以及判斷之後，歸納抽象概念，進行理論假設，並且從實踐經驗中發展一種嶄新理論的研究方法。
深度訪談	in-depth interview	深度訪談是一種無訪談大綱，較為直接和個人的訪談方式。深度訪談讓訪問者和受訪問者暢所欲言，自由地探索議題論點，並在必要時改變話題方向，以利紀錄整理、比較，以及分析，以達到研究主題資料蒐集之目的。
尺度辯證	scalar dialectics	尺度辯證係為審視尺度擴張，將空間概念納入社會生產、社會區位，以及全球關係的規模理論，進行關係辯證，以利國際政治或是國家治理之空間、規模，或是社會生產的批判性論述。尺度辯證通過研究自然／社會辯證關係，以理解城市／鄉村政治生態學的規模問題，並且討論全球化的資本主義制度下的政治、經濟、文化、心理和社會關係。
情境規劃法	scenario planning methods	情境規劃法，也稱為方案思考或方案分析，係為組織應用於長期計畫的策略規劃方法。情境規劃法結合了人口統計、地理、軍事、政治、工業區位，以及礦產儲量，通過考慮社會、技術、經濟、環境，以及政治內涵，進行因素之間因果關係之模擬，以利合理方案之評估和預測。
社會網絡分析	social network analysis	社會網絡分析係為從大量結構化、半結構化，以及非結構化的社會關係中，運用網絡和圖論分析，調查社會結構和人類發展的過程。分析方

中文名詞	英文名詞	定義和解釋
		式運用節點（網絡中的參與者、環節，或是事物），以及探討連接之間的線條、邊緣或是鏈接，以認識節點關係，或是網路之間的交互影響，用以表達社會複雜之結構。社會網路分析運用於社交媒體分析，包含了Facebook、Line、Instagram、LinkedIn、WeChat，以及Twitter等社交網路媒體，藉由蒐集和分析顧客數據，以了解社交軟體產品使用的趨勢和資訊連接程度。
主題分析	thematic analysis	主題分析是在質性研究中常見之形式。主題分析強調在數據蒐集的情境之下，進行資料精確定位、檢查、搜尋，以及記錄模式。主題分析可望進行深入的現象描述，並且深入探討研究問題。主題分析的目的在界定意義模式，並且思惟理論的靈活性，進行研究內容的反思和回饋。
大學	university	在英文中，大學一詞為是由「universe」（宇宙）這個詞衍生而來的。「universe」的前身，在拉丁文中為universus。這是由「一」這個詞彙unus和「沿著某一種特定方向」的詞彙versus形成的。Universus字面上的意思，是「沿著一種特定的方向」。Universum是universus的單數形式，用作名詞時，指的是「宇宙」；同樣衍生詞universitas，是指「一群個人的聯合體」。在中世紀，universitas這個詞用來指由教師和學生所構成的聯合體。例如說，在十四世紀的薩勒諾、巴黎，以及牛津，就出現的這種聯合體。這一種聯合體，就是大學最初的形式。1810年，德國自然科學家洪堡（Friedrich von Humboldt, 1767～1835）建立柏林大學，將研究和教學結合起來，確立大學自治和學術自由的原則，被認為是現代大學的肇始。

附錄二
氣候變遷的學科分析

氣候變遷的學科連結很廣，主要可以運用驅動－壓力－狀態－影響－回應（Diver-Pressure-State-Impact-Response, DPSIR）架構，在該架構中顯示所需的影響指標，以利決策者能夠進行反饋有關環境質量，以及針對決策者在政治抉擇中可能產生的影響。

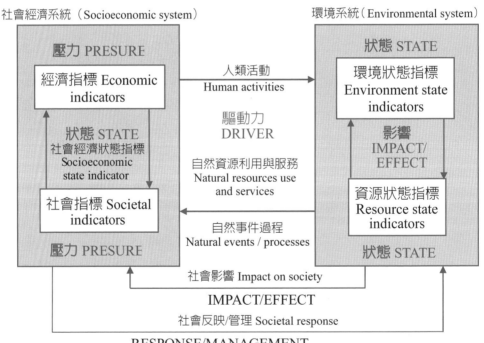

驅動－壓力－狀態－影響－回應（DPSIR）系統（Driver-Pressure-State-Impact-Response System, DPSIR）（方偉達／設計）

1. 氣候驅動研究

氣候科學基礎研究

氣候科學應用研究

極端天氣事件原因

2. 氣候調適研究

極端天氣事件衝擊因應能力

氣候變遷風險評估

氣候變遷與法律原則

氣候調適與水資源研究

氣候調適與生物多樣性研究

氣候調適與能源供給

氣候調適與農業

氣候調適與災害管理

氣候調適與土地使用

氣候調適與維生基礎設施

氣候調適與海岸管理

氣候調適與人類健康

3. 氣候減緩研究

碳盤查技術

節能技術

綠能科技

綠色造林

氣候金融和保險研究

氣候變遷教育研究

科技整合分析

自然科學
1. 森林生態系統服務
2. 海洋生態系統服務
3. 濕地生態系統服務
4. 碳捕捉及碳封存
5. 天體運行與宇宙原理
6. 生物地質化學現象
7. 研究人類長壽機制
8. 研究人體自癒機制
9. 研究藥物及疫苗研發
10. 發展耐旱、高溫、鹽分及環境壓力耐受種籽

應用工程
1. 發展綠能
2. 微型灌溉
3. 發展儲能系統
4. 復育退化土地
5. 發展城市農業
6. 擴展再生能源
7. 環保再循環工程
8. 發展永續農林漁牧
9. 研發替代肉製造系統
10. 研發空氣品質與水質監測感應器
11. 發展水資源與衛生基礎設施管理
12. 移除移動污染源排放廢氣中的懸浮微粒

人類社會
1. 生物識別ID系統
2. ICT的服務
3. 數位轉型
4. 電子商務
5. 氣候諮詢服務
6. 遠程病患監控
7. 氣候變遷法律諮詢
8. 發展永續交通運輸
9. 發展財務金融風險評估
10. 耐用與模組化建材設計
11. 使用電子產品／電器循環模式
12. 發展太陽能微型電網系統

附錄四
你有多大的大數據？

從母群體樣本中蒐集的數據，無法完美地代表整個母群體。

然而，誤差範圍主要取決於樣本量，樣本量是估算精度的一種度量。

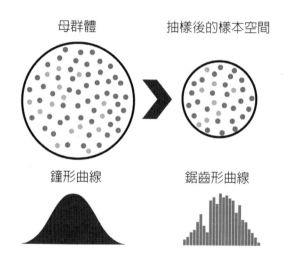

如果，你有一筆大數據（big data），這些資料來自於各種來源，包含了大量非結構化或是結構化數據。

在任何大數據系統之中，最常見的問題之一，是選擇分層樣本，可以代表大數據母群體的特徵。從數據詮釋，到評估數據，大數據抽樣是資料科學（data science）需要解決的關鍵。

我們從總體中選擇子集合的概念，以使抽樣數據代表總體數據的特

徵。

假設你有100億個數據，這些可能是全球氣候資料。你要解決氣候變遷的問題，需要找到一種監督方法。

現在，問題是如何詮釋所有的數據調查點？除非找到一種自動執行註釋過程的方法，否則在專家的協助下，還是要花費大量時間。即使我們設法為所有數據新增標籤，但由於資源限制，在大量數據上訓練機器學習，有時還是不可行；同時也會產生數據跑不出結果。同時，大量數據可能彼此相似。因此在模型中引入了冗餘資訊（data redundancy）。這種冗餘資訊對模型的學習過程沒有太大幫助。通過仔細分析數據集中存在的所有構面（dimension），可以大量減少不必要的資料，以減少訓練時間，並提高計算效能。

Note

Note

Note

Note

Note

國家圖書館出版品預行編目資料

闇黑研究方法／方偉達著. -- 初版. -- 臺北
市：五南圖書出版股份有限公司, 2022.04
　　面；　公分
　　ISBN 978-986-522-849-1 (平裝)

1.社會科學　2.研究方法　3.漫畫

501.2　　　　　　　　　　110008966

1XKX 研究方法系列

闇黑研究方法
只要懂闇黑，你也可以好好做研究

作　　者 ― 方偉達

發 行 人 ― 楊榮川

總 經 理 ― 楊士清

總 編 輯 ― 楊秀麗

副總編輯 ― 黃惠娟

責任編輯 ― 吳佳怡

封面設計 ― 韓衣非

插　　畫 ― 林胤彤

出 版 者 ― 五南圖書出版股份有限公司

地　　址：106台北市大安區和平東路二段339號4樓

電　　話：(02)2705-5066　　傳　　真：(02)2706-6100

網　　址：https://www.wunan.com.tw

電子郵件：wunan@wunan.com.tw

劃撥帳號：01068953

戶　　名：五南圖書出版股份有限公司

法律顧問　林勝安律師事務所　林勝安律師

出版日期　2022年 4 月初版一刷

定　　價　新臺幣420元

經典永恆・名著常在

五十週年的獻禮——經典名著文庫

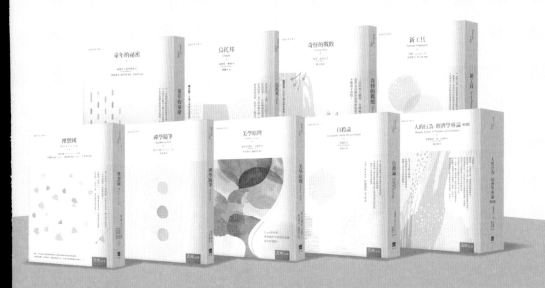

五南，五十年了，半個世紀，人生旅程的一大半，走過來了。

思索著，邁向百年的未來歷程，能為知識界、文化學術界作些什麼？

在速食文化的生態下，有什麼值得讓人雋永品味的？

歷代經典・當今名著，經過時間的洗禮，千錘百鍊，流傳至今，光芒耀人；

不僅使我們能領悟前人的智慧，同時也增深加廣我們思考的深度與視野。

我們決心投入巨資，有計畫的系統梳選，成立「經典名著文庫」，

希望收入古今中外思想性的、充滿睿智與獨見的經典、名著。

這是一項理想性的、永續性的巨大出版工程。

不在意讀者的眾寡，只考慮它的學術價值，力求完整展現先哲思想的軌跡；

為知識界開啟一片智慧之窗，營造一座百花綻放的世界文明公園，

任君遨遊、取菁吸蜜、嘉惠學子！